Menakadevi Nanjundan

Esquema de compartilhamento de dados de grupo que preserva a privacidade e não pode ser rastreado na nuvem

Menakadevi Nanjundan

Esquema de compartilhamento de dados de grupo que preserva a privacidade e não pode ser rastreado na nuvem

ScienciaScripts

Imprint

Any brand names and product names mentioned in this book are subject to trademark, brand or patent protection and are trademarks or registered trademarks of their respective holders. The use of brand names, product names, common names, trade names, product descriptions etc. even without a particular marking in this work is in no way to be construed to mean that such names may be regarded as unrestricted in respect of trademark and brand protection legislation and could thus be used by anyone.

Cover image: www.ingimage.com

This book is a translation from the original published under ISBN 978-620-7-99861-6.

Publisher:
Sciencia Scripts
is a trademark of
Dodo Books Indian Ocean Ltd. and OmniScriptum S.R.L publishing group

120 High Road, East Finchley, London, N2 9ED, United Kingdom
Str. Armeneasca 28/1, office 1, Chisinau MD-2012, Republic of Moldova, Europe
Printed at: see last page
ISBN: 978-620-8-08376-2

Copyright © Menakadevi Nanjundan
Copyright © 2024 Dodo Books Indian Ocean Ltd. and OmniScriptum S.R.L publishing group

"PARTILHA SEGURA E ANÓNIMA DE DADOS DE GRUPO NA COMPUTAÇÃO EM NUVEM"

RESUMO

Com o crescimento da computação em nuvem, o volume crescente de dados armazenados exige métodos seguros e eficientes de partilha de dados. Em cenários de partilha de dados multipartidários, surgem duas preocupações principais: garantir a confidencialidade dos dados partilhados para preservar a privacidade e salvaguardar a segurança dos dados armazenados. Especificamente, quando os dados partilhados armazenados são acedidos com frequência, é crucial ocultar a sequência de endereços ou o padrão de acesso do servidor, o que representa um desafio significativo para manter a capacidade de não rastrear os dados e ocultar eficazmente os padrões de acesso aos dados. Para responder a estes desafios, é proposto um esquema de preservação da privacidade e não rastreável que utiliza a reencriptação proxy e a memória de acesso aleatório oblíqua (ORAM) para suportar a partilha segura de dados entre vários utilizadores na computação em nuvem. O esquema funciona em duas fases principais: Troca de chaves e controlo de acesso: Os membros do grupo e os proxies participam num processo de troca de chaves para obter chaves, que ajudam a resistir à colusão multipartidária, se necessário. Através da reencriptação proxy, são gerados textos cifrados, permitindo aos membros do grupo implementar o controlo de acesso e armazenar dados de forma segura, facilitando assim a partilha segura de dados. Capacidade de não deteção de dados e padrões de acesso ocultos: O esquema garante a capacidade de não rastrear os dados e oculta os padrões de acesso aos dados utilizando uma tabela circular ligada unidirecional (OCLT) dentro de uma estrutura de árvore binária e operações de ofuscação. Além disso, a estrutura concebida e os tuplos de ponteiros permitem a identificação de utilizadores maliciosos e a prevenção da adulteração de dados.

Índice

CAPÍTULO 1 : INTRODUÇÃO

1.1 INTRODUÇÃO

A computação em nuvem, com baixo custo e partilha conveniente de recursos, permite que a computação seja distribuída por um grande número de computadores distribuídos, o que tem atraído o interesse de muitos académicos. Os recursos informáticos para a computação e o processamento de dados são fornecidos pela computação em nuvem. Além disso, o núcleo da utilização de muitos recursos informáticos é o armazenamento e a gestão dos dados. Ou seja, o armazenamento em nuvem é um sistema de computação em nuvem que tem como núcleo o armazenamento e a gestão de dados, o que torna possível a partilha de dados em grupo. A segurança dos dados na partilha de dados em grupo depara-se com dois desafios quando os dados são armazenados num servidor em nuvem. Por um lado, a confidencialidade dos dados é assegurada durante a interação com o utilizador para preservar a privacidade dos dados. Especificamente, para aplicações práticas, como uma rede doméstica inteligente ou uma rede médica inteligente, é desejável utilizar uma plataforma de computação distribuída para selecionar um modo de partilha muitos-para-muitos para partilhar informações dentro de um grupo. Assim, os dados de vários utilizadores do grupo podem ser acedidos por outros utilizadores. No entanto, a confidencialidade dos dados tem de ser garantida para evitar a colusão ou o roubo de dados na partilha de dados durante a transmissão dos mesmos. Por outro lado, é garantido que a sequência de endereços ou o padrão de acesso dos dados não são divulgados quando os dados partilhados são armazenados no servidor. No servidor, é gerada uma sequência de endereços correspondente aos dados. Mesmo que o utilizador tenha encriptado os dados, o servidor curioso pode inferir o conteúdo da sequência de endereços com maior probabilidade quando o utilizador acede várias vezes à mesma sequência de endereços ou a uma sequência semelhante. Além disso, o servidor curioso pode inferir a importância dos dados encriptados com base no número de vezes que a sequência de endereços foi acedida para explorar alguns dos dados privados.

1.2 MÓDULOS

1. Utilizadores
2. Proxy
3. Servidor em nuvem
4. Segurança dos dados
5. Controlo de acesso
6. Deteção de traidores

1.3 DESCRIÇÃO DO MÓDULO

1. Utilizadores

No esquema proposto, os utilizadores são pessoas que têm contacto com dinheiro e dados de transacções e que esperam partilhar dados. Além disso, o mandatário é considerado um utilizador e participa na fase de acordo de chaves. As razões pelas quais o proxy é concebido como utilizador são as seguintes. Dois problemas preocupantes que ocorrem quando os utilizadores acedem aos dados no servidor em nuvem são a confidencialidade dos dados comerciais e o cálculo dos dados de encriptação. O esquema proposto utiliza as caraterísticas da estrutura OCLT para identificar os utilizadores maliciosos e, em seguida, conseguir a revogação do utilizador para garantir a credibilidade dos utilizadores do mesmo grupo.

2. Proxy

Como servidor seguro e de confiança na empresa, o proxy é responsável por gerar subchaves e chaves de soma, armazenar a tabela de índices com a informação da posição dos dados e distinguir utilizadores maliciosos. O proxy, no esquema proposto, é um centro de distribuição de chaves e tem a confiança total dos utilizadores do grupo e do servidor da nuvem.

3. Servidor em nuvem

Neste esquema, o servidor da nuvem é uma entidade semi-confiável. Tem as caraterísticas de curiosidade mas honestidade e fornece aos utilizadores e ao proxy recursos de armazenamento e computação suficientes e serviços de partilha de dados de qualidade. Por outras palavras, a nuvem não será deliberadamente.

4. Segurança dos dados

Os dados encriptados externalizados não podem ser compreendidos pelos servidores e pelos utilizadores ilegais quando partilham dados na nuvem. Para reduzir a probabilidade de falsificação da chave e a complexidade computacional do proxy, o nosso esquema deve suportar a reencriptação no proxy, de modo a que os dados sejam encriptados antes da transmissão para a nuvem. No sistema proposto, utilizamos o algoritmo AES para a encriptação dos dados.

5. Controlo de acesso

O problema mais preocupante na partilha de dados é garantir os direitos de acesso e a segurança dos utilizadores quando os utilizadores do grupo mudam dinamicamente. Assim, o nosso esquema deve apoiar a mudança dinâmica dos utilizadores e o controlo do acesso. Por outras palavras, um utilizador que adira pode partilhar todos os dados existentes no grupo, enquanto um utilizador revogado não pode recuperar os dados partilhados pelo grupo na nuvem.

6. Deteção de traidores

Quando a chave secreta do utilizador é divulgada para fins lucrativos ou outros, o proxy executa o algoritmo de rastreio para encontrar o utilizador malicioso. Depois de o traidor ser localizado, o proxy envia o pedido de revogação do utilizador ao servidor da nuvem para revogar o privilégio de pesquisa do utilizador. A função de rastreabilidade permite que a emissora identifique o traidor e impede que os utilizadores autorizados divulguem as suas chaves.

CAPÍTULO 2 : PESQUISA BIBLIOGRÁFICA

Jian Shen, Huijie Yang, Pandi Vijayakumar, e Neeraj Kummar Membro sénior,

"A Privacy-Preserving and Untraceable Group Data Sharing Scheme in Cloud Computing", 2020 o desenvolvimento da computação em nuvem, a grande quantidade de dados de armazenamento requer uma partilha de dados segura e eficiente. Na partilha de dados de armazenamento multipartidária, em primeiro lugar, a confidencialidade dos dados partilhados é assegurada para alcançar a preservação da privacidade dos dados. Em segundo lugar, é garantida a segurança dos dados armazenados. Ou seja, quando os dados partilhados armazenados são sujeitos a operações de acesso frequentes, a sequência de endereços ou o padrão de acesso do servidor ficam ocultos. Por conseguinte, determinar a forma de garantir a capacidade de não deteção dos dados armazenados ou de ocultar eficazmente o padrão de acesso aos dados na partilha de dados armazenados é um desafio. Ao utilizar a reencriptação proxy e a memória de acesso aleatório oblíqua (ORAM), é proposto um esquema de preservação da privacidade e não rastreável para apoiar vários utilizadores na partilha de dados na computação em nuvem. Por um lado, os membros do grupo e os representantes utilizam a fase de troca de chaves para obter chaves e resistir à colusão multipartidária, se necessário. O texto cifrado obtido de acordo com a fase de reencriptação do proxy permite aos membros do grupo implementar o controlo de acesso e armazenar dados, completando assim a partilha segura de dados. Por outro lado, este documento permite a capacidade de não rastrear dados e um padrão de acesso a dados oculto através de uma tabela circular unidirecional ligada numa árvore binária (OCLT) e de uma operação de ofuscação. Além disso, com base na estrutura concebida e na tupla de ponteiros, os utilizadores maliciosos são identificados e a adulteração de dados é impedida. A análise de segurança mostra que o protocolo concebido neste documento pode cumprir os requisitos de segurança da reencriptação proxy e da ORAM. Tanto a análise teórica como a experimental demonstram que o esquema proposto é seguro e eficiente para a partilha de dados em grupo na computação em nuvem.

Gopal R. Chandangole, Aniruddha P. Kshirsagar," Anonymous and Traceable Secure Group Data Sharing Scheme in Cloud Computing", 2020 A computação em nuvem não é mais do que o fornecimento de aplicações como serviços através da Internet e estes serviços são fornecidos pela combinação de hardware e software de centros de dados e estes serviços como Saas, Paas, Iaas, etc. A computação em nuvem é normalmente descrita como a conversão de despesas de capital em despesas operacionais (CapEx para OpEx. A computação em nuvem permite armazenar dados na nuvem e partilhar esses dados valiosos com vários utilizadores autorizados. Também oferece uma solução económica e eficiente para a partilha de recursos de grupo entre vários utilizadores da nuvem. A partilha de dados entre vários utilizadores, com base na defesa dos dados e na privacidade da identidade dos utilizadores de nuvens não fiáveis, continua a ser um problema difícil. A encriptação de documentos com chaves diferentes utilizando um sistema de criptografia de chave pública, como a encriptação baseada em atributos (ABE) e a reencriptação por procuração, tem algumas fraquezas. Não consegue lidar eficazmente com a adição ou revogação de utilizadores ou atributos de identidade. Neste documento, propomos um esquema seguro e eficiente de partilha de dados para grupos dinâmicos na nuvem com autenticação anónima dos utilizadores da nuvem. Combinando assinaturas de grupo e uma técnica de encriptação dinâmica ampla, qualquer utilizador da nuvem pode partilhar dados anonimamente com outros utilizadores de forma eficiente. Alguns problemas relacionados com a sobrecarga de armazenamento e os custos de computação da encriptação são aqui ultrapassados.

Xin Dong , Jiadi Yu , Yuan Luo , Yingying Chen , Guangtao Xue , Minglu Li , "Achieving an effective, scalable and privacy-preserving data sharing service in cloud computing", 2020 A partilha de dados na nuvem, alimentada por tendências favoráveis na tecnologia da nuvem, está a emergir como uma técnica promissora para permitir aos utilizadores aceder convenientemente aos dados. No entanto, o número crescente de empresas e clientes que armazenam os seus dados em servidores de nuvem está a pôr cada vez mais em causa a privacidade dos utilizadores e a segurança dos dados. Este documento centra-se no fornecimento de um serviço de partilha de dados na nuvem fiável e seguro que permite aos utilizadores um acesso dinâmico aos seus dados. Para o conseguir, propomos uma política de dados eficaz, escalável e flexível que preserva a privacidade com segurança semântica, utilizando a encriptação baseada em atributos de política de texto cifrado (CP-ABE) combinada com técnicas de encriptação baseada na identidade (IBE). Para além de garantir uma segurança robusta na partilha de dados, a nossa política consegue preservar a privacidade dos utilizadores da nuvem e suporta operações dinâmicas eficientes e seguras, incluindo, mas não se limitando a, criação de ficheiros, revogação de utilizadores e modificação de atributos de utilizadores. A análise de segurança indica que a política proposta é segura sob o modelo de grupo bilinear genérico no modelo de oráculo aleatório e impõe um controlo de acesso de grão fino, resistência total à colusão e sigilo retroativo. Além disso, a análise do desempenho e os resultados experimentais mostram que as despesas gerais são tão reduzidas quanto possível. A computação em nuvem (Armbrust et al., 2009) está atualmente a emergir como uma tecnologia em que os fornecedores de serviços em nuvem (CSP) oferecem instalações eficientes de armazenamento de dados e de computação a uma base de clientes global. O único requisito para um utilizador é um terminal ligado. Ao empregar uma combinação de técnicas de virtualização, computação orientada para os serviços e outras tecnologias emergentes, a computação em nuvem pode ser categorizada em três tipos de serviços "X as a service (XaaS)" de pagamento consoante o uso: a Plataforma.

CAPÍTULO 3 : ESPECIFICAÇÃO DO SISTEMA

3.1 ESPECIFICAÇÃO DO HARDWARE

Processador :I3

Disco rígido : 500 GB.

Monitor : Monitor LED de 15"

Dispositivos de entrada : Teclado, Rato

Ram : 4 GB.

3.2 REQUISITOS DE SOFTWARE:

Sistema operativo : Windows 10

Linguagem de programação : ASP.NET, C#.NET

Front-end : Visual Studio 2008

Base de dados : SQL SERVER 2005

3.3 SOBRE O SOFTWARE

O QUE É ".NET"?

O Microsoft .net é um conjunto de tecnologias de software micro soft para criar e integrar rapidamente serviços Web xml, aplicações micro soft baseadas no Windows e soluções Web. A estrutura .net é uma plataforma neutra em termos de linguagem para escrever programas que podem interoperar de forma fácil e segura. Não existe qualquer barreira linguística com a .net: existem inúmeras linguagens disponíveis para o programador, incluindo c++ gerido, c#, visual basic e java script.

A estrutura .net fornece a base para que os componentes interajam sem problemas, seja local ou remotamente em diferentes plataformas. Normaliza tipos de dados e protocolos de comunicação comuns para que os componentes criados em diferentes linguagens possam interoperar facilmente. ".net" é também o nome coletivo dado a vários componentes de software construídos sobre a plataforma .net. Trata-se de produtos (visual studio.net e windows.net server, por exemplo) e serviços (como passport, .net my services, etc.).

3.4 A estrutura .NET

A Microsoft concebeu o C# desde o início para tirar partido do seu novo .NET Framework. Como o C# é um jogador neste novo mundo .NET, você deve ter uma boa compreensão do que o .NET Framework fornece e como ele aumenta sua produtividade.

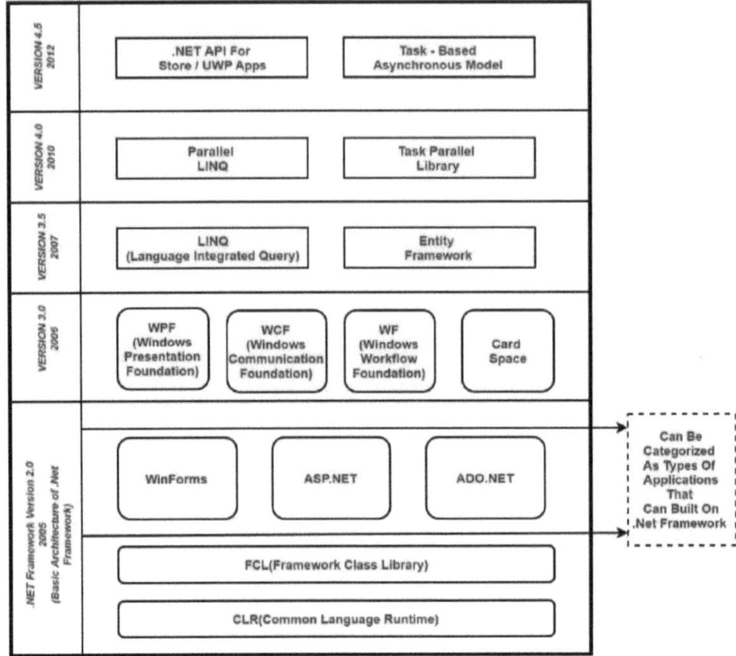

FIG 3.4 o .NET Framework

O .NET Framework é composto por quatro partes, como se pode ver no Common Language Runtime, um conjunto de bibliotecas de classes, um conjunto de linguagens de programação e o ambiente ASP.NET. O .NET Framework foi concebido com três objectivos em mente. Em primeiro lugar, pretendia tornar as aplicações Windows muito mais fiáveis, ao mesmo tempo que proporcionava a uma aplicação um maior grau de segurança. Em segundo lugar, pretendia simplificar o desenvolvimento de aplicações e serviços Web que funcionassem não só no sentido tradicional, mas também em dispositivos móveis. Por fim, a estrutura foi projetada para fornecer um único conjunto de bibliotecas que funcionaria com várias linguagens. As secções seguintes examinam cada um dos componentes do .NET Framework.

3.5 Desenvolvimento Web:

O .NET Framework foi concebido com um objetivo em mente: alimentar o desenvolvimento da Internet. Esse novo combustível a ser adicionado ao desenvolvimento da Internet é chamado de *Serviços da Web*. Pode pensar nos serviços

Web como um sítio Web que interage com programas, em vez de pessoas. Em vez de fornecer páginas Web, um serviço Web recebe um pedido formatado em XML, executa uma determinada função e devolve uma resposta ao requerente sob a forma de uma mensagem XML.

Nota A XML ou extensible Markup Language é uma linguagem auto-descritora muito semelhante à HTML. A XML, por outro lado, não tem etiquetas predefinidas, o que lhe permite uma grande flexibilidade na representação de uma grande variedade de objectos.

Uma aplicação típica para um serviço Web seria servir de camada superior a um sistema de faturação empresarial. Quando um utilizador que navega na Web compra produtos no seu sítio Web, as informações de compra são enviadas para os serviços Web, que totalizam todos os produtos, adicionam um registo à base de dados de contas a receber e devolvem uma resposta com um número de confirmação da encomenda. Este Web Service não só pode interagir com páginas Web, como também pode interagir com outros Web Services, como um sistema corporativo de contas a pagar.

Para que o modelo de serviço Web sobreviva à evolução natural das linguagens de programação, ele deve incluir muito mais do que uma simples interface para a Web. O modelo de serviço Web também inclui protocolos que permitem às aplicações encontrar serviços Web disponíveis numa LAN ou na Internet. Este protocolo também permite que a aplicação explore o serviço Web e determine como comunicar com ele, bem como a forma de trocar informações. Para permitir a descoberta de serviços Web, foi criado o UDDI (Universal Discovery, Description and Integration). Este protocolo permite que os serviços Web sejam registados e pesquisados com base em informações essenciais, como o nome da empresa, o tipo de serviço e a localização geográfica.

Desenvolvimento de aplicações

Para além do desenvolvimento Web, ainda é possível criar aplicações Windows tradicionais com o .NET Framework. As aplicações Windows criadas com o .NET Framework baseiam-se no *Windows Forms.* Esses formulários do Windows são uma espécie de cruzamento entre os formulários do Visual Basic 6 e os formulários do Visual

C++. Embora os formulários tenham o mesmo aspeto que os seus antecessores, são completamente orientados para objectos e baseados em classes, tal como os objectos de formulário no Microsoft Foundation Class. Estes novos Formulários Windows suportam agora muitos controlos clássicos encontrados no Visual Studio, como o Botão, a Caixa de Texto e a Etiqueta, bem como controlos ActiveX. Para além dos controlos tradicionais, são também suportados novos componentes, tais como Print Preview, Link Label, ColorDialog e OpenFileDialog.

A criação de aplicações com .NET também oferece muitas melhorias que não se encontram noutras linguagens, como a segurança. Estas medidas de segurança podem determinar se uma aplicação pode escrever ou ler um ficheiro de disco. Permitem também incorporar assinaturas digitais na aplicação para garantir que a aplicação foi escrita por uma fonte fidedigna. O .NET Framework também permite incorporar informações sobre componentes e versões no código atual. Isto permite que o software seja instalado a pedido, automaticamente ou sem qualquer intervenção do utilizador. Em conjunto, todas estas funcionalidades reduzem significativamente os custos de suporte na empresa.

Tempo de execução da linguagem comum

As linguagens de programação são normalmente compostas por um compilador e um ambiente de execução. O compilador transforma o código que o utilizador escreve em código executável que pode ser executado pelos utilizadores. O ambiente de tempo de execução fornece um conjunto de serviços do sistema operativo ao seu código executável. Estes serviços são incorporados numa camada de tempo de execução para que o seu código não tenha de se preocupar com os detalhes de baixo nível do trabalho com o sistema operativo. Operações como a gestão de memória e a E/S de ficheiros são bons exemplos de serviços que podem ser fornecidos por um ambiente de tempo de execução. Antes do surgimento do .NET, cada linguagem era fornecida com seu próprio ambiente de tempo de execução. O Visual Basic era fornecido com um ambiente de tempo de execução chamado MSVBVM60.DLL. O Visual C++ era fornecido com uma DLL chamada MSVCRT.DLL. Cada um destes módulos de tempo de execução fornecia um conjunto de serviços de baixo nível ao código que os programadores escreviam. Os programadores escreviam código e, em seguida, construíam esse código tendo em mente o tempo de execução adequado. O código executável seria enviado com o tempo de execução, que seria instalado na máquina do utilizador se ainda não estivesse presente.

O principal problema com estes ambientes de tempo de execução é o facto de terem sido concebidos para serem utilizados com uma única linguagem. O tempo de execução do Visual Basic fornecia funcionalidades interessantes para operações como trabalhar com memória e lançar objectos COM, mas estas funcionalidades só estavam disponíveis para os utilizadores do Visual Basic. Os programadores que utilizavam o Visual C++ não podiam utilizar as funcionalidades do tempo de execução do Visual Basic. Os utilizadores do Visual C++ tinham o seu próprio tempo de execução, com a sua própria longa lista de funcionalidades, mas essas funcionalidades não estavam disponíveis para os utilizadores do Visual Basic. Esta abordagem de "tempo de execução separado" impedia que as linguagens trabalhassem em conjunto sem problemas.

Não é possível, por exemplo, agarrar alguma memória numa parte do código Visual Basic e depois passá-la para uma parte do código Visual C++, que liberta a memória. Os diferentes tempos de execução implementam o seu próprio conjunto de funcionalidades à sua maneira. Os conjuntos de funcionalidades dos vários tempos de execução são inconsistentes. Mesmo as funcionalidades que se encontram em mais do que um tempo de execução são implementadas de formas diferentes, tornando impossível que duas partes de código escritas em linguagens diferentes funcionem em conjunto.

Um dos objectivos de conceção do .NET Framework era unificar os motores de tempo de execução para que todos os programadores pudessem trabalhar com um único conjunto de serviços de tempo de execução. A solução do .NET Framework é denominada *Common Language Runtime (CLR)*. O CLR fornece capacidades como gestão de memória, segurança e tratamento de erros robusto a qualquer linguagem que funcione com o .NET Framework. Graças ao CLR, todas as linguagens .NET podem utilizar uma variedade de serviços de tempo de execução sem que os programadores se preocupem em saber se a sua linguagem específica suporta uma funcionalidade de tempo de execução.

O CLR também permite que as linguagens interoperem umas com as outras. A memória pode ser atribuída por código escrito numa linguagem - Visual Basic .NET, por exemplo - e pode ser libertada por código escrito noutra linguagem, por exemplo, C#. Do mesmo modo, os erros podem ser criados numa linguagem e processados noutra linguagem.

3.6 Bibliotecas de classes .NET

Os programadores gostam de trabalhar com código que já foi testado e demonstrou funcionar, como a API Win32 e as bibliotecas de classes MFC. A reutilização de código é há muito tempo o objetivo da comunidade de desenvolvimento de software. No entanto, o carácter prático da reutilização de código não correspondeu às expectativas.

Muitas linguagens têm tido acesso a corpos de código pré-testados e prontos a executar. O Visual C++ beneficiou de bibliotecas de classes, como a Microsoft Foundation Classes (MFC), que permitiu aos programadores C++ criar rapidamente aplicações Windows, e a Active Template Library (ATL), que forneceu suporte para a criação de objectos COM. No entanto, a natureza específica da linguagem destas bibliotecas tornou-as indisponíveis para utilização noutras linguagens.

Os programadores do Visual Basic estão impedidos de utilizar ATL quando constroem os seus objectos COM. O .NET Framework fornece muitas classes que ajudam os programadores a reutilizar código. As bibliotecas de classes .NET contêm código para tópicos de programação, como threading, E/S de ficheiros, suporte de bases de dados, análise de XML e estruturas de dados, como pilhas e filas. O melhor de tudo é que toda esta biblioteca de classes está disponível para qualquer linguagem de programação que suporte o .NET Framework. Graças ao CLR, qualquer linguagem .NET pode utilizar qualquer classe da biblioteca de classes .NET. Uma vez que todas as linguagens suportam agora o mesmo tempo de execução, podem reutilizar qualquer classe que funcione com o .NET Framework. Isto significa que qualquer funcionalidade disponível para uma linguagem também estará disponível para qualquer outra linguagem .NET.

A imagem da reutilização da biblioteca de classes pintada pelo .NET Framework fica ainda melhor quando se percebe que a reutilização se estende ao seu código, não apenas ao código que a Microsoft fornece com o .NET. O código que a Microsoft fornece na base de código da biblioteca de classes .NET não é arquitetonicamente diferente do código que escreve. O código da Microsoft é simplesmente código que foi escrito utilizando uma linguagem suportada pelo .NET e construído utilizando uma ferramenta de desenvolvimento .NET. Isto significa que a Microsoft está a utilizar as mesmas ferramentas que você utilizará para escrever o seu código. Pode escrever código que pode ser utilizado noutras linguagens .NET, tal como a Microsoft fez com a sua biblioteca de classes. O .NET Framework permite-lhe escrever código em C#, por exemplo, e entregá-lo aos programadores de Visual Basic .NET, que podem utilizar o seu código compilado nas respectivas aplicações.

3.7 Linguagem de programação .NET

O .NET Framework fornece um conjunto de ferramentas que o ajudam a criar código que funciona com o .NET Framework. A Microsoft fornece um conjunto de linguagens que já são ".NET-compatíveis". O C# é uma dessas linguagens. Foram também criadas novas versões do Visual Basic e do Visual C++ para tirar partido do .NET Framework, estando a caminho uma versão do Jscript.NET. O desenvolvimento de linguagens compatíveis com .NET não se limita à Microsoft. O grupo .NET da Microsoft publicou documentação que mostra como os fornecedores de linguagens podem fazer com que as suas linguagens funcionem com o .NET, e os fornecedores estão a tornar linguagens como o COBOL e o Perl compatíveis com o .NET Framework. Existem atualmente 20 ou mais linguagens em desenvolvimento de fornecedores terceiros e instituições que se ligam ao .NET Framework.

Apresentando o C#

O C#, a nova linguagem introduzida no .NET Framework, é derivada do C++. No entanto, o C# é uma linguagem moderna, orientada para objectos (desde o início) e segura em termos de tipo.

Caraterísticas linguísticas

As secções seguintes dão uma vista de olhos rápida a algumas das caraterísticas da linguagem C#. Se alguns desses conceitos não lhe parecerem familiares, não se preocupe. Todos eles são abordados em pormenor em capítulos posteriores.

Classes

Todo o código e dados em C# devem estar dentro de uma classe. Não se pode definir uma variável fora de uma classe, e não se pode escrever nenhum código que não esteja numa classe. As classes podem ter *construtores,* que são executados quando um objeto da classe é criado, e um *destrutor,* que é executado quando um objeto da classe é destruído. As classes suportam herança única e todas as classes derivam, em última análise, de uma classe base chamada *object*. O C# suporta técnicas de versionamento para ajudar as suas classes a evoluir ao longo do tempo, mantendo a compatibilidade com o código que usa versões anteriores das suas classes.

Tipos de dados

O C# permite-lhe trabalhar com dois tipos de dados: tipos de valor e tipos de referência. *Os tipos de valor* contêm valores reais. *Os tipos de referência* contêm referências a valores armazenados noutro local da memória. Tipos primitivos como char, int e float, bem como valores enumerados e estruturas, são tipos de valor. Os tipos de referência contêm variáveis que lidam com objectos e arrays. O C# vem com tipos de referência predefinidos (object e string), bem como tipos de valor predefinidos (byte, short, int, long, byte, short, unit, along, float, double, bool, char e decimal). Também pode definir os seus próprios tipos de valor e de referência no seu código. Todos os tipos de valor e de referência derivam, em última análise, de um tipo de base chamado objeto.

O C# permite-lhe converter um valor de um tipo num valor de outro tipo. É possível trabalhar tanto com conversões implícitas quanto com conversões *explícitas*. As conversões implícitas sempre são bem-sucedidas e não perdem nenhuma informação (por exemplo, você pode converter um int em um long sem perder nenhum dado porque um long é maior que um int). As conversões explícitas podem causar a perda de dados (por exemplo, converter um long num int pode resultar numa perda de dados porque um long pode conter valores maiores do que um int). Deve escrever um operador de conversão no seu código para efetuar uma conversão explícita.

Você pode trabalhar com arrays unidimensionais e multidimensionais em C#. Os arrays multidimensionais podem ser rectangulares, em que cada um dos arrays tem as mesmas dimensões, ou recortados, em que cada um dos arrays tem dimensões diferentes. Classes e estruturas podem ter membros de dados chamados *propriedades* e *campos*. *Os campos* são variáveis que estão associadas à classe ou estrutura envolvente. Pode definir uma estrutura chamada Empregado, por exemplo, que tem um campo chamado Nome. Se definir uma variável do tipo Empregado chamada Empregado atual, pode obter o nome do empregado escrevendo Empregado atual. Nome. *As propriedades* são como os campos, mas permitem-lhe escrever código para especificar o que deve acontecer quando o código acede ao valor. Se o nome do empregado tiver de ser lido de uma base de dados, por exemplo, pode escrever código que diga "quando alguém pedir o valor da propriedade Nome, leia o nome da base de dados e devolva o nome como uma cadeia de caracteres".

Funções

Uma função é uma parte do código que pode ser chamada e que pode ou não retornar um valor para o código que a chamou originalmente. Um exemplo de uma função seria a função Nome completo mostrada anteriormente, neste capítulo, na classe Família. Uma *função* é geralmente associada a partes de código que retornam informações, enquanto um *método* geralmente não retorna informações. Para nossos propósitos, no entanto, generalizamos e nos referimos a ambos como funções. As funções podem ter quatro tipos de parâmetros:

- Os parâmetros de entrada têm valores que são enviados para a função, mas a função não pode alterar esses valores.
- Os parâmetros de saída não têm valor quando são enviados para a função, mas a função pode atribuir-lhes um valor e enviar o valor de volta para o chamador.
- Os parâmetros de referência transmitem uma referência a outro valor. Têm um valor que entra na função e esse valor pode ser alterado dentro da função.
- Os parâmetros Params definem um número variável de argumentos numa lista.

O C# e o CLR trabalham juntos para fornecer gerenciamento automático de memória. Não é necessário escrever código que diga "alocar memória suficiente para um número inteiro" ou "libertar a memória que este objeto estava a utilizar". O CLR monitoriza a sua utilização de memória e recupera automaticamente mais memória quando precisa dela. Ele também libera memória automaticamente quando detecta que ela não está mais sendo usada (isso também é conhecido como Garbage Collection). O C# fornece uma variedade de operadores que permitem escrever expressões matemáticas e bit a bit. Muitos (mas não todos) destes operadores podem ser redefinidos, permitindo-lhe alterar a forma como os operadores funcionam.

O C# suporta uma longa lista de instruções que permitem definir vários caminhos de execução dentro do seu código. As instruções de controlo de fluxo que utilizam palavras-chave como if, switch, while, for, break e continue permitem que o seu código se ramifique em diferentes caminhos, dependendo dos valores das suas variáveis. As classes podem conter código e dados. Cada membro da classe tem algo chamado de *escopo de acessibilidade,* que define a visibilidade do membro para outros objetos. O C# suporta escopos de acessibilidade públicos, protegidos, internos, internos protegidos e privados.

Variáveis

As variáveis podem ser definidas como constantes. *As constantes* têm valores que não podem mudar durante a execução do seu código. O valor de pi, por exemplo, é um bom exemplo de uma constante, porque o seu valor não se altera durante a execução do código. *As declarações de tipo Enum* especificam um nome de tipo para um grupo relacionado de constantes. Por exemplo, pode definir um Enum de Planetas com valores de Mercúrio, Vénus, Terra, Marte, Júpiter, Saturno, Úrano, Neptuno e Plutão, e utilizar esses nomes no seu código. A utilização dos nomes numéricos no código torna-o mais legível do que se utilizasse um número para representar cada planeta.

O C# fornece um mecanismo interno para definir e manipular eventos. Se você escrever uma classe que executa uma operação demorada, você pode querer invocar um evento quando a operação for concluída. Os clientes podem se inscrever nesse evento e capturar o evento em seu código, o que permite que eles sejam notificados quando você tiver concluído sua operação demorada. O mecanismo de tratamento de eventos em C# usa *delegados,* que são variáveis que fazem referência a uma função. Nota Um manipulador de eventos é um procedimento no seu código que determina as ações a serem executadas quando um evento ocorre, como o usuário clicando em um botão.

Se a sua classe contém um conjunto de valores, os clientes podem querer aceder aos valores como se a sua classe fosse uma matriz. Pode escrever um pedaço de código chamado *indexador* para permitir que a sua classe seja acedida como se fosse uma matriz. Suponha que escreve uma classe chamada Arco-íris, por exemplo, que contém um conjunto das cores do arco-íris. Os utilizadores podem querer escrever My Rainbow [0] para obter a primeira cor do arco-íris. Pode escrever um indexador na sua classe Arco-íris para definir o que deve ser devolvido quando o chamador acede à sua classe, como se fosse uma matriz de valores.

Interfaces

O C# suporta *interfaces,* que são grupos de propriedades, métodos e eventos que especificam um conjunto de funcionalidades. As classes C# podem implementar interfaces, o que indica aos utilizadores que a classe suporta o conjunto de funcionalidades documentadas pela interface. É possível desenvolver implementações de interfaces sem interferir em nenhum código existente, o que minimiza problemas de compatibilidade. uma interface foi publicada, não pode ser alterada, mas pode evoluir por meio de herança.

As classes C# podem implementar muitas interfaces, embora as classes só possam herdar de uma única classe base. Vejamos um exemplo do mundo real que se beneficiaria das interfaces para ilustrar seu papel extremamente positivo no C#. Muitas aplicações disponíveis atualmente suportam add-ins. Suponha que você tenha criado um editor de código para escrever aplicações. Este editor de código, quando executado, tem a capacidade de carregar add-ins. Para isso, o add-in deve seguir algumas regras. O suplemento DLL deve exportar uma função chamada CEEntry, e o nome da DLL deve começar com CEd. Quando executamos o nosso editor de código, este procura no seu diretório de trabalho todas as DLLs que comecem por CEd. Quando encontra uma, ela é carregada; e então ele usa GetProcAddress para localizar a função CEEntry dentro da DLL, verificando assim que você seguiu todas as regras necessárias para criar um add-in.

Este método de criação e carregamento de add-ins é muito pesado porque sobrecarrega o editor de código com mais tarefas de verificação do que o necessário. Se fosse utilizada uma interface neste caso, a sua DLL de suplemento poderia ter implementado uma interface, garantindo assim que todos os métodos, propriedades e eventos necessários estavam presentes na própria DLL e a funcionar conforme a documentação especificada.

Atributos

Os atributos declaram informações adicionais sobre a sua classe ao CLR. No passado, se quisesse tornar a sua classe auto-descritiva, tinha de adotar uma abordagem desconectada, em que a documentação era armazenada em ficheiros externos, como IDL ou mesmo ficheiros HTML. Os atributos resolvem este problema, permitindo ao utilizador, o programador, associar informações às classes - qualquer tipo de informação.

Por exemplo, é possível utilizar um atributo para incorporar informações de documentação numa classe. Os atributos também podem ser usados para vincular informações de tempo de execução a uma classe, definindo como ela deve agir quando usada. As possibilidades são infinitas, e é por isso que a Microsoft inclui muitos atributos predefinidos no .NET Framework.

Compilação de C#

A execução do seu código C# pelo compilador C# produz duas informações importantes: código e metadados. As seções a seguir descrevem esses dois itens e, em seguida, terminam examinando o bloco de construção binário do código .NET: o assembly.

3.8 Linguagem Microsoft Intermediate (MSIL)

O código gerado pelo compilador C# é escrito em uma linguagem chamada Microsoft Intermediate Language, ou MSIL. A MSIL é composta por um conjunto específico de instruções que especificam como o seu código deve ser executado. Ela contém instruções para operações como inicialização de variáveis, chamada de métodos de objetos e tratamento de erros, só para citar algumas. O C# não é a única linguagem em que o código-fonte é transformado em MSIL durante o processo de compilação. Todas as linguagens compatíveis com .NET, incluindo Visual Basic .NET e Managed C++, produzem MSIL quando seu código-fonte é compilado. Como todas as linguagens .NET compilam para o mesmo conjunto de instruções MSIL e como todas as linguagens .NET usam o mesmo tempo de execução, o código de diferentes linguagens e diferentes compiladores podem trabalhar juntos facilmente.

O MSIL não é um conjunto de instruções específico para uma CPU física. Ele não sabe nada sobre a CPU em sua máquina, e sua máquina não sabe nada sobre MSIL. Como, então, seu código .NET é executado, se sua CPU não pode ler MSIL? A resposta é que o código MSIL é transformado em código específico da CPU quando o código é executado pela primeira vez. Esse processo é chamado de compilação "just-in-time", ou JIT. O trabalho de um compilador JIT é traduzir seu código MSIL genérico em código de máquina que pode ser executado por sua CPU. Você pode estar se perguntando sobre o que parece ser um passo extra no processo. Por que gerar MSIL quando um compilador poderia gerar código específico da CPU diretamente? Afinal de contas, os compiladores sempre fizeram isso no passado.

Há algumas razões para isso. Primeiro, o MSIL permite que seu código compilado seja facilmente movido para diferentes hardwares. Suponha que você escreveu algum código C# e gostaria que ele fosse executado tanto no seu desktop quanto em um dispositivo portátil. É muito provável que esses dois dispositivos tenham diferentes tipos de CPUs. Se você tivesse apenas um compilador C# que visasse uma CPU específica, então você precisaria de dois compiladores C#: um que visasse a CPU do seu desktop e outro que visasse a CPU do seu dispositivo portátil. Teria de compilar o seu código duas vezes, garantindo que coloca o código correto no dispositivo correto. Com MSIL, compila-se uma vez. A instalação do .NET Framework no computador de mesa inclui um compilador JIT que traduz o MSIL em código específico da CPU para o computador de mesa.

A instalação do .NET Framework no computador de mão inclui um compilador JIT que traduz esse mesmo MSIL em código específico da CPU para o computador de mão. Agora você tem uma única base de código MSIL que pode ser executada em qualquer dispositivo que tenha um compilador JIT .NET. O compilador JIT nesse dispositivo encarrega-se de fazer com que o seu código seja executado no dispositivo.

Outra razão para o uso de MSIL pelo compilador é que o conjunto de instruções pode ser facilmente lido por um processo de verificação. Parte do trabalho do compilador JIT é verificar seu código para garantir que ele seja o mais limpo possível. O processo de verificação garante que o seu código está a aceder corretamente à memória e que está a utilizar os tipos de variáveis corretos quando chama métodos que esperam um tipo específico. Estas verificações asseguram que o seu código não executa quaisquer instruções que possam fazer com que o código falhe.

O conjunto de instruções MSIL foi concebido para tornar este processo de verificação relativamente simples. Os conjuntos de instruções específicos da CPU são otimizados para a execução rápida do código, mas produzem código que pode ser difícil de ler e, portanto, difícil de verificar. Ter um compilador C# que produz diretamente código específico da CPU pode tornar a verificação do código difícil ou mesmo impossível. Permitir que o compilador JIT do .NET Framework verifique o código garante que o código aceda à memória de uma forma livre de erros e que os tipos de variáveis sejam utilizados corretamente.

Metadados

O processo de compilação também produz metadados, que é uma parte importante da história de compartilhamento de código .NET. Quer utilize o C# para criar uma aplicação para o utilizador final, quer utilize o C# para criar uma biblioteca de classes a utilizar pela aplicação de outra pessoa, vai querer utilizar algum código .NET já compilado. Esse código pode ser fornecido pela Microsoft como parte do .NET Framework, ou pode ser fornecido por um utilizador através da Internet. A chave para usar esse código externo é permitir que o compilador C# saiba quais classes e variáveis estão na outra base de código para que ele possa combinar o código-fonte que você escreve com o código encontrado na base de código pré-compilada com a qual você está trabalhando.

Pense nos metadados como uma "tabela de conteúdos" para o seu código compilado. O compilador C# coloca metadados no código compilado junto com o MSIL gerado. Esses metadados descrevem com precisão todas as classes que você escreveu e como elas estão estruturadas. Todos os métodos e informações de variáveis das classes são totalmente descritos nos metadados, prontos para serem lidos por outros aplicativos. O Visual Basic .NET, por exemplo, pode ler os metadados de uma biblioteca .NET para fornecer a capacidade do IntelliSense de listar todos os métodos disponíveis para uma determinada classe. Se alguma vez trabalhou com COM (Component Object Model), poderá estar familiarizado com as *bibliotecas de tipos.* As bibliotecas de tipos tinham como objetivo fornecer uma funcionalidade semelhante de "índice" para objectos COM.

No entanto, as bibliotecas de tipos sofriam de algumas limitações, entre as quais o facto de nem todos os dados relevantes para o objeto serem colocados na biblioteca de tipos. Os metadados no .NET não têm essa deficiência. Todas as informações necessárias para descrever uma classe no código são colocadas nos metadados. Pode pensar nos metadados como tendo todas as vantagens das bibliotecas de tipos COM sem as limitações.

3.9 Montagens

Por vezes, é necessário utilizar o C# para criar uma aplicação para o utilizador final. Esses aplicativos são empacotados como arquivos executáveis com uma extensão .EXE. O Windows sempre trabalhou com arquivos .EXE como programas aplicativos, e o C# suporta totalmente a construção de arquivos .EXE. No entanto, pode haver momentos em que você não queira compilar um aplicativo inteiro. Em vez disso, você pode querer criar uma biblioteca de código que possa ser usada por outros. Também pode querer criar algumas classes utilitárias em C#, por exemplo, e depois entregar o código a um programador de Visual Basic .NET, que utilizará as suas classes numa aplicação Visual Basic .NET. Em casos como este, não estará a criar uma aplicação. Em vez disso, estará a criar um *assembly*.

Um assembly é um pacote de código e metadados. Quando implanta um conjunto de classes num assembly, está a implantar as classes como uma unidade; e essas classes partilham o mesmo nível de controlo de versão, informações de segurança e requisitos de ativação. Pense em um assembly como uma "DLL lógica". Se estiver familiarizado com o Microsoft Transaction Server ou COM+, pode pensar num conjunto como o equivalente .NET de um pacote.

Existem dois tipos de assemblies: *assemblies privadas* e *assemblies globais*. Quando constrói a sua assembly, não precisa de especificar se pretende construir uma assembly privada ou global. A diferença é aparente quando você implanta seu assembly. Com uma assembléia privada, você torna seu código disponível para uma única aplicação. A sua assembly é empacotada como uma DLL e é instalada no mesmo diretório que a aplicação que a utiliza. Com uma implantação de um assembly privado, a única aplicação que pode usar o seu código é o executável que vive no mesmo diretório que o seu assembly.

Se pretender partilhar o seu código entre muitas aplicações, poderá considerar a implantação do seu código como um assembly global. Os assemblies globais podem ser utilizados por qualquer aplicação .NET no sistema, independentemente do diretório em que está instalado. A Microsoft fornece assemblies como parte do .NET Framework, e cada um dos assemblies da Microsoft é instalado como um assembly global. O .NET Framework contém uma lista de assemblies globais em um recurso chamado *cache de assembly global,* e o SDK do .NET Microsoft Framework inclui utilitários para instalar e remover assemblies do cache de assembly global.

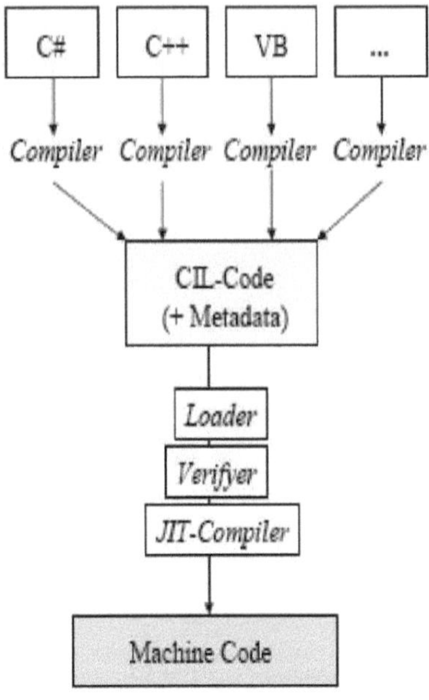

Fig 3.9 Montagens

SQL Server 2005

O SQL Server 2005 é o sucessor do SQL Server 2000. Incluiu suporte nativo para gerir dados XML, para além de dados relacionais. Para o efeito, definiu um tipo de dados xml que pode ser utilizado como tipo de dados em colunas da base de dados ou como literais em consultas. As colunas XML podem ser associadas a esquemas XSD. Os dados XML armazenados são verificados em relação ao esquema. O XML é convertido num tipo de dados binário interno antes de ser armazenado na base de dados.

Foram disponibilizados métodos de indexação especializados para dados XML. Os dados XML são consultados utilizando XQuery. A integração do Common Language Runtime (CLR) foi uma das principais caraterísticas desta edição, permitindo escrever código SQL como código gerido pelo CLR. O SQL Server 2005 adicionou algumas extensões à linguagem T-SQL para permitir a incorporação de consultas XQuery em T-SQL. Além disso, também define uma nova extensão para XQuery, denominada XML DML, que permite modificações baseadas em consultas a dados XML.

O SQL Server 2005 também permite que um servidor de base de dados seja exposto através de serviços Web utilizando pacotes Tabular Data Stream (TDS) encapsulados em pedidos SOAP (protocolo). Para dados relacionais, o T-SQL foi aumentado com funcionalidades de tratamento de erros (try/catch) e suporte para consultas recursivas com CTEs (Common Table Expressions). O SQL Server 2005 foi também melhorado com novos algoritmos de indexação, sintaxe e melhores sistemas de recuperação de erros.

As páginas de dados são somadas para uma melhor resistência a erros e foi adicionado o suporte de concorrência otimista para um melhor desempenho. As permissões e o controlo de acesso foram tornados mais granulares e o processador de consultas lida com a execução simultânea de consultas de uma forma mais eficiente. As partições em tabelas e índices são suportadas nativamente, pelo que é mais fácil escalar uma base de dados para um cluster. O SQL CLR foi introduzido com o SQL Server 2005 para permitir a sua integração com o .NET Framework. O SQL Server 2005 introduziu o "MARS" (Multiple Active Results Sets), um método que permite a utilização de ligações de bases de dados para múltiplos fins. O SQL Server 2005 introduziu as DMV (Dynamic Management Views), que são vistas e funções especializadas que devolvem informações sobre o estado do servidor que podem ser utilizadas para monitorizar a saúde de uma instância do servidor, diagnosticar problemas e ajustar o desempenho.

Gestor de Configuração do Servidor SQL

O SQL Server Configuration Manager é uma nova ferramenta do SQL Server 2005. É utilizada para gerir os serviços e ligações do SQL Server 2005. Foi desenvolvido como uma aplicação plug-in da Consola de Gestão Microsoft (MMC). A sua janela está dividida numa árvore de Consola (painel esquerdo) e num painel de Detalhes. Pode ser gerida através dos serviços do SQL Server e das configurações de ligação, navegando pelos objectos na árvore da Consola.

Gestão de serviços
- Servidor SQL
- Agente do SQL Server
- Navegador do servidor SQL

> Serviços de Integração do Servidor SQL
> Serviços de Análise do Servidor SQL

Estúdio de Gestão do Servidor SQL

Esta ferramenta é uma nova funcionalidade do SQL Server 2005. Substitui o Enterprise Manager e o Query Analyzer das versões anteriores. Foi desenvolvida utilizando uma shell do Visual Studio como base. Segue o paradigma do Visual Studio, no qual a maioria das ferramentas está organizada como janelas com separadores, acopláveis ou flutuantes. O painel do servidor registado permite visualizar e gerir os parâmetros de ligação aos servidores. A ferramenta inclui editores de scripts e ferramentas gráficas que trabalham com objectos e funcionalidades do servidor. Uma caraterística central do SQL Server Management Studio é o Object Explorer, que permite ao utilizador navegar, selecionar e agir sobre qualquer um dos objectos do servidor.

Caraterísticas do SQL Server 2005

- ❖ Espelhamento de bases de dados
- ❖ Melhorias no T-SQL (Transaction SQL)
- ❖ Integração CLR
- ❖ Corretor de serviços

- ❖ Accionadores DDL

- ❖ Funções de classificação

- ❖ Níveis de isolamento baseados em versionamento de linhas

- ❖ Integração XML

- ❖ TENTAR...PEGAR

- ❖ Correio da base de dados
- ❖ Encriptação de dados

Facilidade de instalação, implementação e utilização

O SQL Server inclui um conjunto de ferramentas administrativas e de desenvolvimento que melhoram a capacidade de instalar, implementar, gerir e utilizar o SQL Server em vários locais.

Escalabilidade

O mesmo motor de base de dados pode ser utilizado em plataformas que vão desde computadores portáteis com Microsoft Windows® 95/98 a grandes servidores multiprocessadores com Microsoft Windows NT®, Enterprise Edition.

Armazenamento de dados

O SQL Server inclui ferramentas para a extração e análise de dados resumidos para processamento analítico em linha (OLAP). O SQL Server também inclui ferramentas para a conceção visual de bases de dados e para a análise de dados utilizando perguntas em inglês. Neste projeto, o SQL Server é utilizado devido às caraterísticas acima referidas.

CAPÍTULO 4 : ESTUDO DO SISTEMA

4.1 SISTEMA ACTUAL

A partilha de dados na computação em nuvem pode ser utilizada em muitos domínios para resolver alguns problemas difíceis, mas também acarreta alguns problemas de segurança. Por um lado, é difícil garantir a confidencialidade do texto cifrado para preservar a privacidade dos dados. Além disso, a partilha de dados em grupo num modo muitos-para-muitos é um desafio. Além disso, a sequência de endereços dos dados externalizados armazenados no servidor é facilmente monitorizada ou o padrão de acesso aos dados é facilmente determinado. A nuvem não pode ocultar o caminho dos dados armazenados no servidor durante a partilha de dados e um utilizador mal-intencionado pode rastrear a sequência de endereços dos dados, mas alguns problemas não resistem a ataques de conluio e têm dificuldade em revogar utilizadores mal-intencionados.

4.2 DESVANTAGENS DO SISTEMA ACTUAL:

- Continua a ser vulnerável a ataques de conluio e a utilizadores maliciosos revogados.
- O esquema foi concebido apenas para um sistema geral de comunicação um-para-muitos, o que o torna inaplicável ao padrão muitos-para-muitos.
- Este esquema sofre com o ataque de conluio realizado pelo servidor da nuvem e pelo utilizador malicioso revogado.

4.3 SISTEMA PROPOSTO

T o sistema proposto, a partilha de dados é mais eficiente e conveniente. A nossa solução deve tentar satisfazer o acesso do utilizador aos dados, em vez de operar sobre os dados de uma única forma. Especificamente, os utilizadores de um grupo podem ler e carregar dados, e vários utilizadores podem efetuar operações de acesso aos dados de vários utilizadores. Em segundo lugar, a confidencialidade dos dados deve ser assegurada no processo de partilha de dados para proteger os dados privados. Os dados externalizados são os dados financeiros da empresa, os dados de transação, etc.; o esquema proposto é seguro e eficiente para a partilha de dados em grupo na computação em nuvem. Além disso, o nosso esquema garante que os dados comerciais podem ser transmitidos de forma segura no canal, protegendo a privacidade dos dados. A função de rastreabilidade permite que o emissor identifique o traidor e impede que os utilizadores autorizados divulguem as suas chaves.

4.4 VANTAGENS DO SISTEMA PROPOSTO:

- O esquema proposto pode suportar eficazmente mudanças dinâmicas de utilizadores no que diz respeito ao controlo de acesso e ao padrão de partilha de dados muitos-para-muitos.
- Consequentemente, os utilizadores podem trocar dados com segurança com outros na nuvem semi-confiável.
- Além disso, os utilizadores podem trocar informações na nuvem de forma anónima no que diz respeito à assinatura do grupo.
- O esquema proposto é adequado para a partilha de dados em grupo no ambiente de nuvem. Entretanto, pode levar a um maior desenvolvimento e utilização do acordo de chaves para a partilha de dados.

CAPÍTULO 5 : CONCEPÇÃO DO SISTEMA

5.1 CONCEPÇÃO DA ENTRADA

A conceção das entradas é o processo de conversão das entradas originadas pelo utilizador para um formato informático. A conceção das entradas é uma das fases mais dispendiosas do funcionamento de um sistema informatizado e constitui frequentemente o principal problema de um sistema. A conceção dos dados de entrada faz parte da conceção global, o que exige uma atribuição cuidadosa. A imprecisão dos dados de entrada é a causa mais comum de erros no processamento de dados. O objetivo da conceção dos dados de entrada é tornar a entrada de dados tão fácil, lógica e isenta de erros. Na fase de conceção do sistema, os dados de entrada são recolhidos e organizados em grupos de dados semelhantes.

CONCEPÇÃO DA SAÍDA

A conceção das saídas refere-se geralmente aos resultados e informações gerados pelo sistema para muitos utilizadores finais; as saídas são a principal razão para o desenvolvimento do sistema e a base sobre a qual se avalia a utilidade da aplicação. A saída do computador é a fonte de informação mais importante e direta para o utilizador. A conceção da saída é uma fase muito importante porque a saída será interactiva. A saída será feita de tal forma que o utilizador a possa ver no ecrã e tirar uma cópia impressa da impressora. Eficiente, a forma principal da saída é uma cópia impressa da impressora.

5.2 CONCEPÇÃO DA BASE DE DADOS

A conceção de bases de dados é o processo de produção de um modelo de dados pormenorizado de uma base de dados. Este modelo de dados lógico contém todas as opções de conceção lógica e física necessárias e os parâmetros de armazenamento físico necessários para gerar uma conceção numa linguagem de definição de dados, que pode então ser utilizada para criar uma base de dados. Um modelo de dados totalmente atribuído contém atributos pormenorizados para cada entidade. Numa base de dados de objectos, as entidades e os relacionamentos são mapeados diretamente para classes de objectos e relacionamentos nomeados. No entanto, o termo conceção da base de dados também pode ser utilizado para se aplicar ao processo global de conceção, não só das estruturas de dados de base, mas também dos formulários e consultas utilizados como parte da aplicação global da base de dados no âmbito do sistema de gestão da base de dados.

User

Primary key:uname

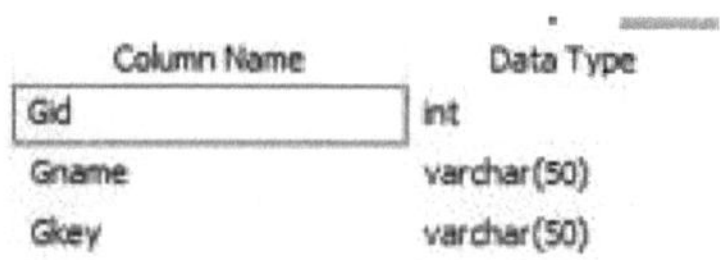

Column Name	Data Type
Uname	varchar(50)
Fname	varchar(50)
Pwd	varchar(50)
Addr	varchar(50)
Mob	varchar(50)
Emailid	varchar(50)
Status	varchar(50)
Userkey	varchar(50)

Group

Primary key:gname

Column Name	Data Type
Gid	int
Gname	varchar(50)
Gkey	varchar(50)

Join Group

Primary key:id

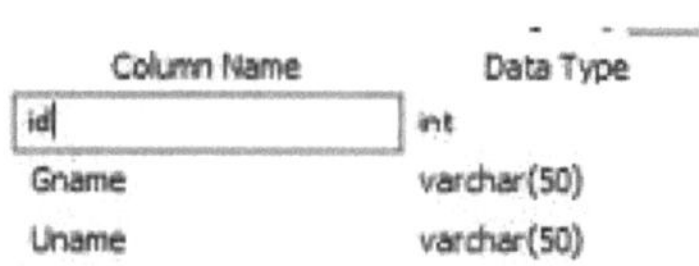

Column Name	Data Type
id	int
Gname	varchar(50)
Uname	varchar(50)

File Upload

Primary key:fileid

Foreign key:data owner

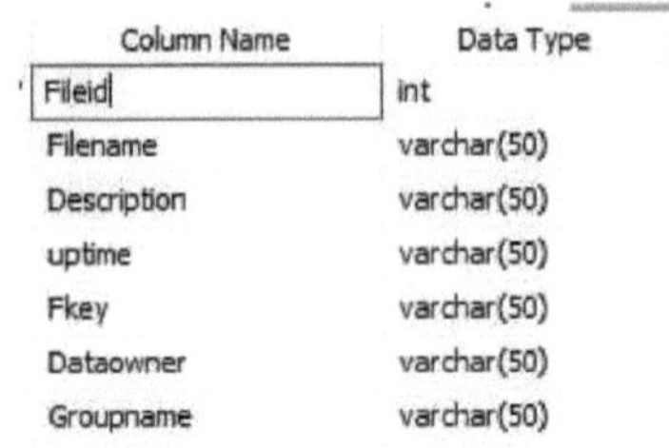

Download

Primary key:id

Foreign key:uname

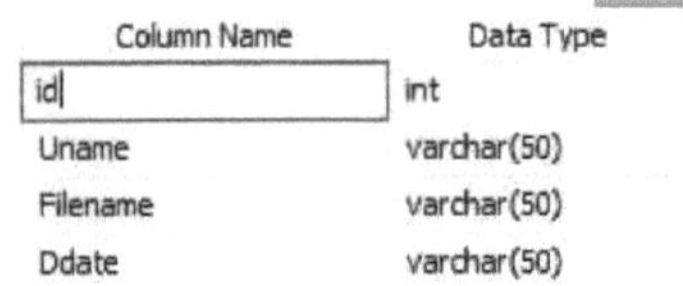

Block

Primary key:id

Foreign key:uname

CAPÍTULO 6 : TESTE E IMPLEMENTAÇÃO DE SISTEMAS

6.1 ENSAIOS E METODOLOGIAS

A fase mais importante do ciclo de vida do desenvolvimento de sistemas é o teste do sistema. O número e a natureza dos erros num sistema recentemente concebido dependem das especificações do sistema e do prazo previsto para a sua conceção.

Um sistema recentemente concebido deveria ter todos os subsistemas a funcionar em conjunto, mas, na realidade, cada subsistema funciona de forma independente. Durante esta fase, todos os subsistemas são reunidos num único conjunto e testados para determinar se satisfazem os requisitos do utilizador.

O teste é efectuado a dois níveis - teste de módulos individuais e teste de todo o sistema. Durante o teste do sistema, o sistema é utilizado experimentalmente para garantir que o software funciona de acordo com as especificações e da forma esperada pelo utilizador. Cada caso de teste é concebido com o objetivo de encontrar erros na forma como o sistema o processa.

Os testes desempenham um papel muito importante na determinação da fiabilidade e da eficiência do software e, por conseguinte, constituem uma fase muito importante do desenvolvimento de software. Os testes de software são efectuados a diferentes níveis. São eles os testes unitários e os testes de sistema, que incluem os testes de integração e os testes de aceitação.

TIPOS DE TESTES

Testes unitários

Este é o primeiro nível de testes. Os diferentes módulos são testados em relação às especificações produzidas durante a integração. Isto é feito para testar a lógica interna de cada módulo. Inicialmente, evitam-se os problemas resultantes da interação entre módulos. A entrada recebida e a saída gerada também são testadas para ver se estão dentro do intervalo de valores esperado. Os testes unitários são efectuados de baixo para cima, começando pelos módulos mais pequenos e mais baixos e prosseguindo um de cada vez.

As unidades de um sistema são os módulos e as rotinas que são montados e integrados para executar uma função específica. Os programas são testados quanto à correção da lógica aplicada e à deteção de erros de codificação. Cada um dos módulos foi testado e os erros foram rectificados. Verificou-se então que funcionavam corretamente.

Teste de integração

Nos testes de integração, os módulos testados são combinados em subsistemas, que são depois testados. O objetivo dos testes de integração é verificar se os módulos podem ser integrados corretamente, dando ênfase às interfaces entre os módulos. Os diferentes módulos foram ligados entre si e foram efectuados testes de integração.

Testes de validação

O objetivo do teste de validação é informar o utilizador sobre a validade e a fiabilidade do sistema. Verifica se o sistema funciona como especificado e se a integridade dos dados importantes é mantida. A motivação do utilizador é muito importante para o bom desempenho do sistema.

Todos os módulos foram testados individualmente, utilizando tanto dados de teste como dados reais. Depois de cada módulo ter sido verificado se estava a funcionar corretamente e se tinha sido "integrado" no sistema. Mais uma vez, o sistema foi testado como um todo. O sistema foi testado com diferentes tipos de utilizadores.

A conceção do sistema, os diagramas de fluxo de dados, os procedimentos, etc., foram bem documentados para que o sistema possa ser facilmente mantido e atualizado por qualquer profissional de informática numa fase posterior

Teste do sistema

A integração de cada módulo no sistema é verificada durante este nível de teste. O objetivo do teste do sistema é verificar se o software cumpre os seus requisitos. O teste do sistema é efectuado para descobrir erros que não foram encontrados em testes anteriores. Isto inclui falhas forçadas do sistema e a validação do sistema total tal como o utilizador o implementa no ambiente operacional. Neste tipo de testes, os baixos volumes de transacções são geralmente baseados em dados reais. Este volume é aumentado até ser atingido o nível máximo para cada tipo de transação. O sistema total é também testado quanto à recuperação após várias falhas graves, para garantir que não se perdem dados durante a avaria.

6.2 IMPLEMENTAÇÃO

A implementação é a fase mais crucial para obter um sistema bem sucedido e dar ao utilizador a confiança de que o novo sistema é eficaz e viável. A implementação deste projeto refere-se à instalação do pacote no seu ambiente real, de modo a satisfazer plenamente os utilizadores e as operações do sistema.

O teste é efectuado individualmente no momento do desenvolvimento, utilizando os dados e a verificação é feita da forma especificada na especificação do programa. Em suma, a implementação constitui todas as actividades necessárias para colocar em funcionamento um pacote já testado e concluído. O sucesso de qualquer sistema de informação reside no êxito da sua implementação.

A implementação do sistema é a fase do projeto em que a conceção teórica é transformada num sistema funcional. A fase mais crítica consiste em obter um sistema bem sucedido e em dar confiança ao utilizador de que o novo sistema funcionará de forma eficiente e eficaz. O sistema existente era um processo moroso.

A execução do projeto foi verificada em ambiente real e os requisitos do utilizador foram satisfeitos. A implementação adequada é essencial para fornecer um sistema fiável que satisfaça os requisitos da organização.

6.3 ESTUDO DE VIABILIDADE

A viabilidade do projeto é analisada nesta fase e é apresentada uma proposta comercial com um plano muito geral para o projeto e algumas estimativas de custos. Durante a análise do sistema, deve ser efectuado o estudo de viabilidade do sistema proposto. O objetivo é garantir que o sistema proposto não seja um fardo para a empresa. Para a análise de viabilidade, é essencial compreender os principais requisitos do sistema.

O estudo de viabilidade investiga o problema e as necessidades de informação das partes interessadas. Procura determinar os recursos necessários para fornecer uma solução de sistemas de informação, os custos e benefícios dessa solução e a viabilidade da mesma. O analista que efectua o estudo recolhe informações utilizando uma variedade de métodos, sendo os mais populares os seguintes

- Entrevistar utilizadores, empregados, gestores e clientes.
- Desenvolver e administrar questionários às partes interessadas, como os potenciais utilizadores do sistema de informação.
- Observar ou acompanhar os utilizadores do sistema atual para determinar as suas necessidades, bem como a sua satisfação e insatisfação com o sistema atual.
- Recolha, exame e análise de documentos, relatórios, esquemas, procedimentos, manuais e qualquer outra documentação relacionada com as operações do sistema atual.
- Modelação, observação e simulação das actividades de trabalho do sistema atual.

O objetivo do estudo de viabilidade é considerar soluções alternativas de sistemas de informação, avaliar a sua viabilidade e propor a alternativa mais adequada para a organização. A viabilidade de uma solução proposta é avaliada em termos dos seus componentes. Estes componentes são:

- VIABILIDADE ECONÓMICA
- VIABILIDADE TÉCNICA
- VIABILIDADE SOCIAL
- VIABILIDADE OPERACIONAL

VIABILIDADE ECONÓMICA

Este estudo é realizado para verificar o impacto económico que o sistema terá na organização. O montante de fundos que a empresa pode afetar à investigação e desenvolvimento do sistema é limitado. As despesas devem ser justificadas. Assim, o sistema desenvolvido ficou bem dentro do orçamento e isto foi conseguido porque a maioria das tecnologias utilizadas estão disponíveis gratuitamente. Apenas os produtos personalizados tiveram de ser adquiridos.

VIABILIDADE TÉCNICA

Este estudo é efectuado para verificar a viabilidade técnica, ou seja, os requisitos técnicos do sistema. Qualquer sistema desenvolvido não deve exigir muito dos recursos técnicos disponíveis. Isto levará a que os recursos técnicos disponíveis sejam muito exigentes. Isto conduzirá a exigências elevadas para o cliente. O sistema desenvolvido deve ter um requisito modesto, uma vez que apenas são necessárias alterações mínimas ou nulas para a implementação deste sistema.

VIABILIDADE SOCIAL

O aspeto do estudo consiste em verificar o nível de aceitação do sistema pelo utilizador. Isto inclui o processo de formação do utilizador para utilizar o sistema de forma eficiente. O utilizador não deve sentir-se ameaçado pelo sistema, mas sim aceitá-lo como uma necessidade.

O nível de aceitação por parte dos utilizadores depende exclusivamente dos métodos utilizados para educar o utilizador sobre o sistema e para o familiarizar com ele. O seu nível de confiança deve ser aumentado para que ele possa também fazer críticas construtivas, o que é bem-vindo, uma vez que ele é o utilizador final do sistema.

VIABILIDADE OPERACIONAL

A capacidade, o desejo e a vontade das partes interessadas de utilizar, apoiar e operar o sistema de informação informático proposto. As partes interessadas incluem a direção, os empregados, os clientes e os fornecedores. As partes interessadas estão interessadas em sistemas que sejam fáceis de operar, cometam poucos ou nenhuns erros, produzam a informação desejada e se enquadrem nos objectivos da organização.

DESENVOLVIMENTO DE SISTEMAS

Um ciclo de vida de desenvolvimento de sistemas (SDLC) segue fases importantes que são essenciais para os programadores, como o planeamento, a análise, a conceção e a implementação, e que são explicadas na secção seguinte. Foram criados vários modelos de ciclo de vida de desenvolvimento de sistemas (SDLC): cascata, fonte, espiral, construir e corrigir, prototipagem rápida, incremental e sincronizar e estabilizar. O mais antigo e o mais conhecido é o modelo em cascata: uma sequência de fases em que o resultado de cada fase se torna a entrada para a fase seguinte.

O modelo em cascata é uma versão popular do modelo de ciclo de vida de desenvolvimento de sistemas para a engenharia de software. Muitas vezes considerado a abordagem clássica do ciclo de vida de desenvolvimento de sistemas, o modelo em cascata descreve um método de desenvolvimento que é linear e sequencial. O desenvolvimento em cascata tem objectivos distintos para cada fase do desenvolvimento. Imagine uma cascata no penhasco de uma montanha íngreme. Quando a água ultrapassa a borda do penhasco e começa a sua viagem pela encosta da montanha, não pode voltar atrás. O mesmo acontece com o desenvolvimento em cascata. Uma vez concluída uma fase de desenvolvimento, o desenvolvimento prossegue para a fase seguinte e não há volta a dar.

A vantagem do desenvolvimento em cascata é que permite a departamentalização e o controlo de gestão. Pode ser definido um calendário com prazos para cada fase do desenvolvimento e um produto pode passar pelo processo de desenvolvimento como um carro numa lavagem e, teoricamente, ser entregue a tempo. O desenvolvimento vai desde o conceito, passando pela conceção, implementação, testes, instalação, resolução de problemas, e termina na operação e manutenção. Cada fase do desenvolvimento prossegue numa ordem rigorosa, sem qualquer sobreposição.

CAPÍTULO 7: CONCLUSÃO

7.1 CONCLUSÃO

Neste projeto, apresentamos um protocolo seguro e não rastreável para a partilha de dados em grupo num esquema de armazenamento em nuvem. Com base na troca de chaves, a abordagem proposta pode gerar eficazmente a chave de conferência dos utilizadores, que pode ser utilizada para proteger a segurança dos dados partilhados e impedir a colusão de utilizadores mal-intencionados com outros utilizadores. Além disso, a segurança dos dados de grupo partilhados na nuvem e o controlo do acesso são alcançados no que respeita à técnica de cifragem. A prova de segurança suficiente indica a segurança do nosso protocolo. Os resultados da comparação experimental podem ser considerados como uma validação do desempenho do nosso protocolo, tornando-o substancialmente mais convincente.

7.2 MARGEM PARA FUTUROS MELHORAMENTOS

Há margem para o desenvolvimento futuro deste projeto. O mundo dos domínios informáticos não é estático; está sempre sujeito a ser dinâmico. A tecnologia que é famosa hoje torna-se desactualizada no dia seguinte. Para manter o abstrato das melhorias técnicas, o sistema pode ser aperfeiçoado. Portanto, não está concluído. No entanto, será melhorado com novas melhorias. As melhorias podem ser efectuadas de forma eficiente. Podemos até actualizá-lo com mais modificações e pode ser integrado com modificações mínimas. Assim, o projeto é flexível e pode ser melhorado em qualquer altura com caraterísticas mais avançadas.

BIBLIOGRAFIA

Livro de receitas do programador do Microsoft Visual Basic.NET:

-MATTHEW MACDONALD

(Edição Tata McGraw Hill)

Livro de receitas do programador do Microsoft C#.NET:

-MATTHEW MACDONALD

(Edição Tata McGrawHill)

Grey Buczek, **.NET developers guide 2002, Prentice-Hall India.**

Benolt Marchal, **VB.NET by example 2003 - TataMcGraw- Hill.**

Análise e conceção de sistemas - **Alenis Leon.**

Uma abordagem integral à engenharia de software - **Pankaj Jalole.**

Referência online

- www.dotnetspider.com
- www.programersheaven.com
- www.sql-server-performance.com
- www.developerfusion.com
- www.winsocketdotnetworkprogramming.com

7.3 DIAGRAMA DO FLUXO DE DADOS Nível 0

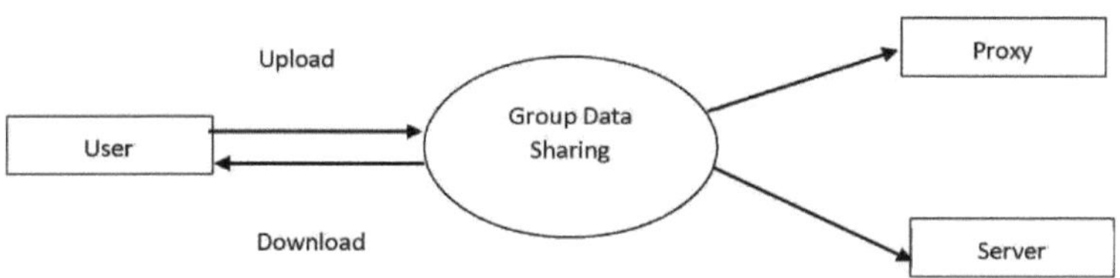

Nível 1

User
Register
User
Create
group
Group
Join group
Join group
Upload
Upload

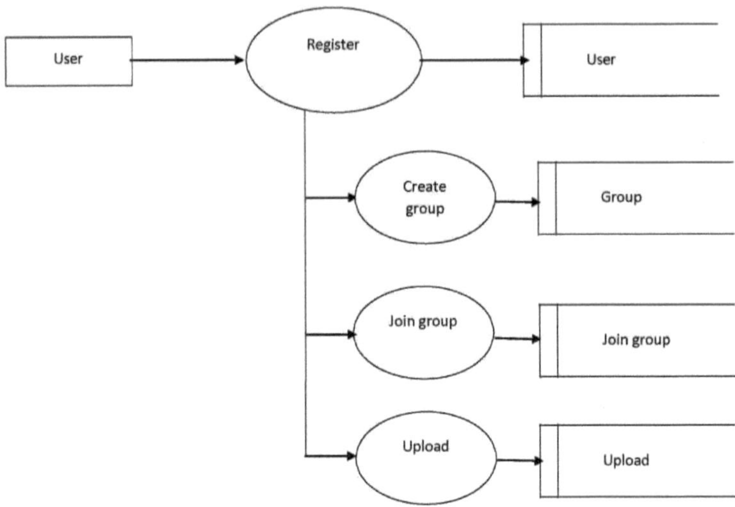

Nível 2

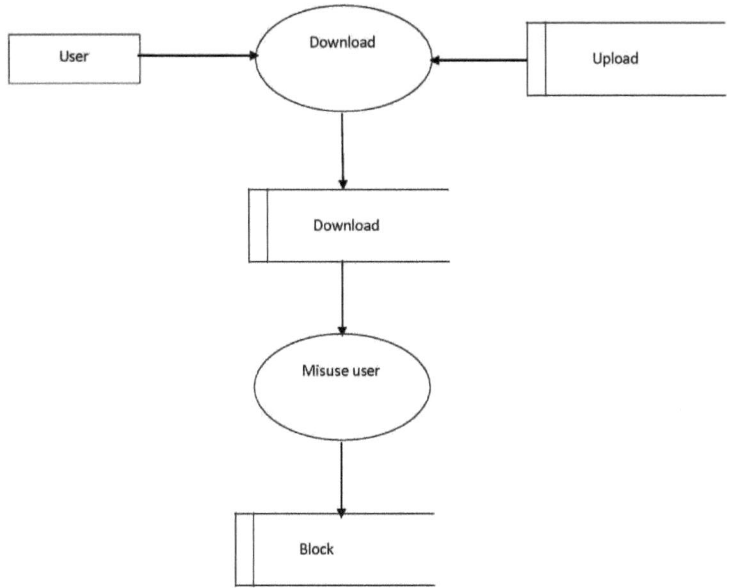

7.4 ER-DIAGRAMA

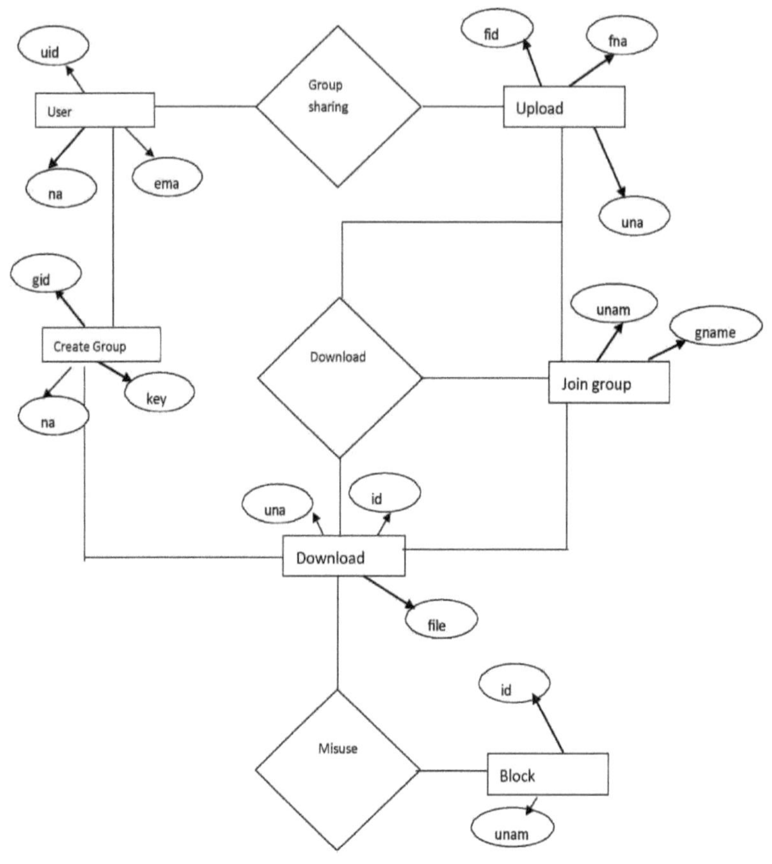

CAPÍTULO 8 : CONCEPÇÃO DO FORMULÁRIO

PÁGINA INICIAL

PÁGINA DE REGISTO

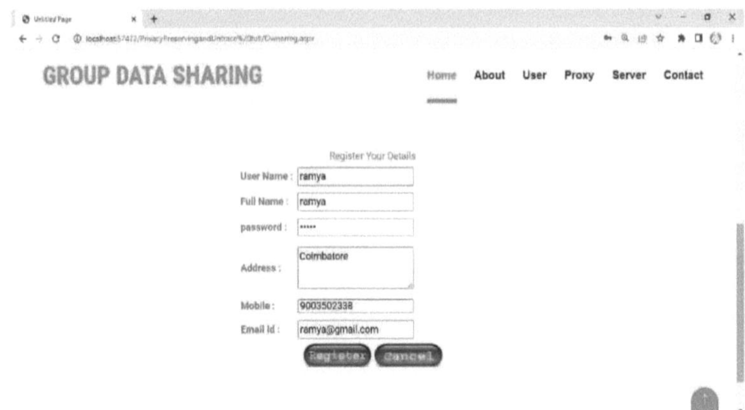

PÁGINA DE INÍCIO DE SESSÃO

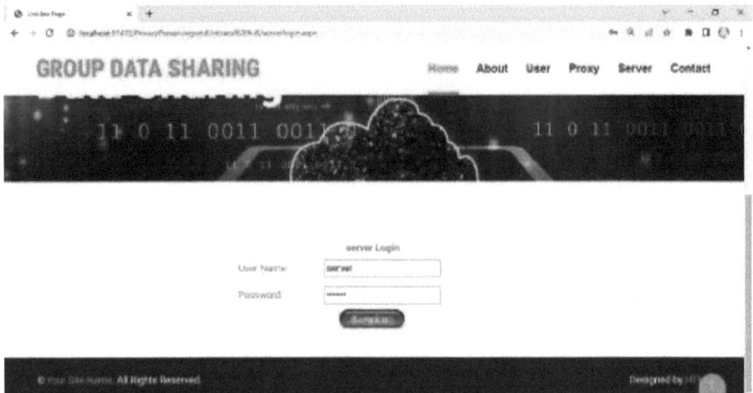

PÁGINA DE BOAS-VINDAS

DADOS DO UTILIZADOR

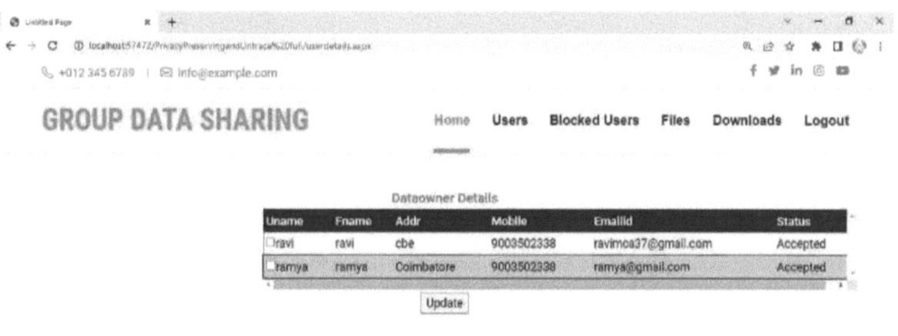

DETALHES DO FICHEIRO

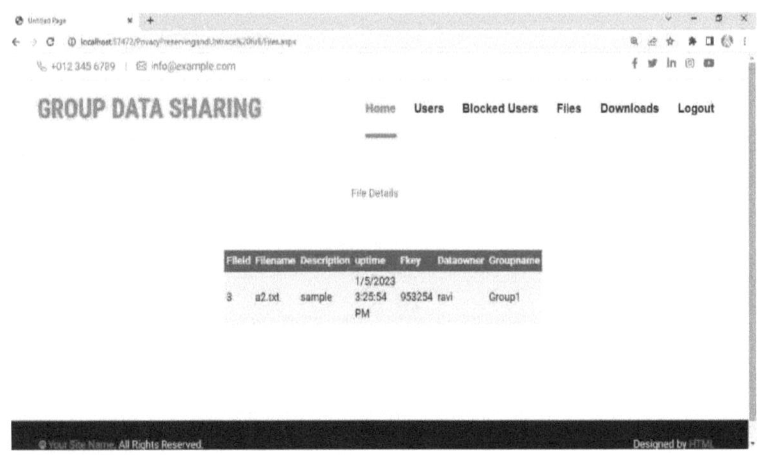

DESCARREGAR DETALHES

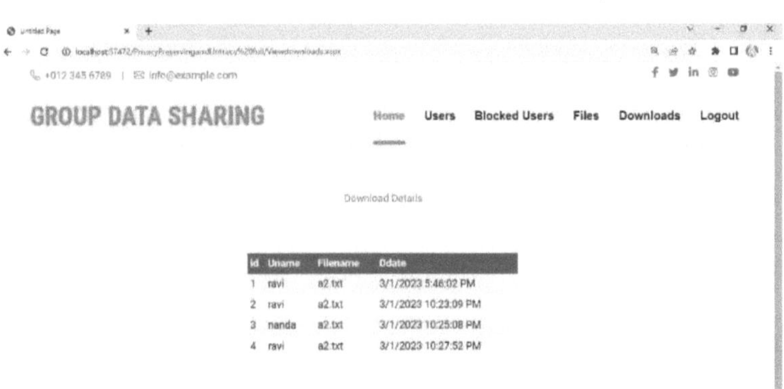

PÁGINA DE REGISTO

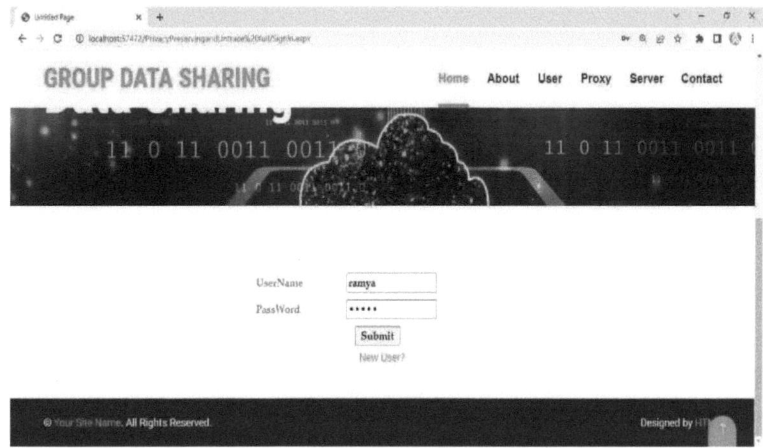

PÁGINA INICIAL DO UTILIZADOR

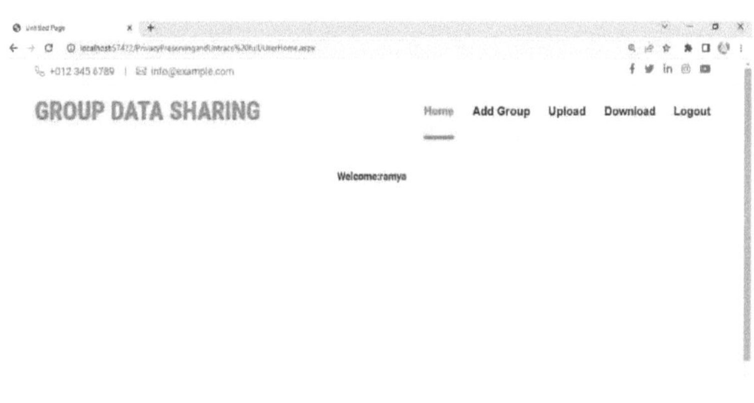

CRIAR PÁGINA DE GRUPO

PÁGINA DE CARREGAMENTO DE DADOS

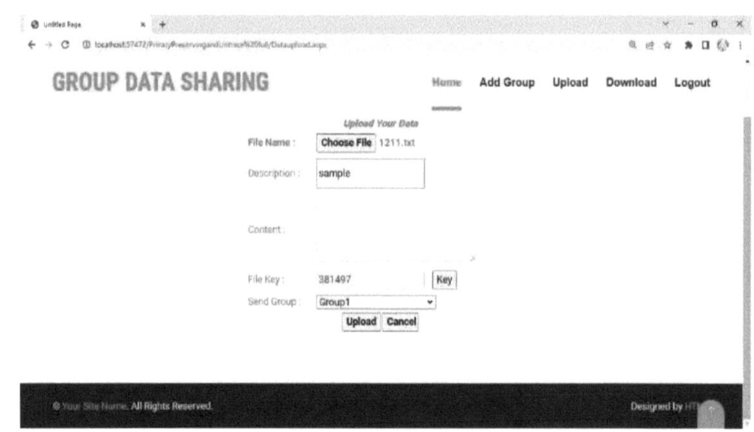

PÁGINA DE CARREGAMENTO DE DADOS

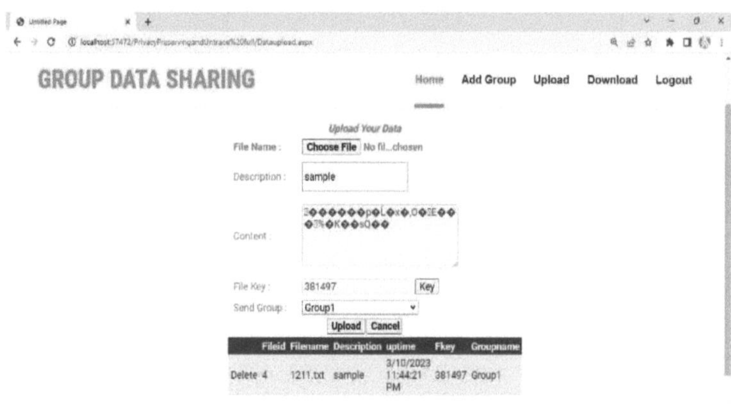

DESCARREGAR PÁGINA

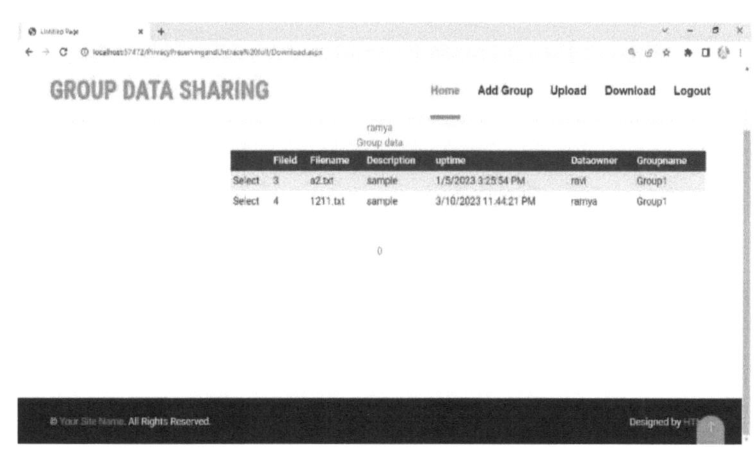

PÁGINA-CHAVE DO GRUPO

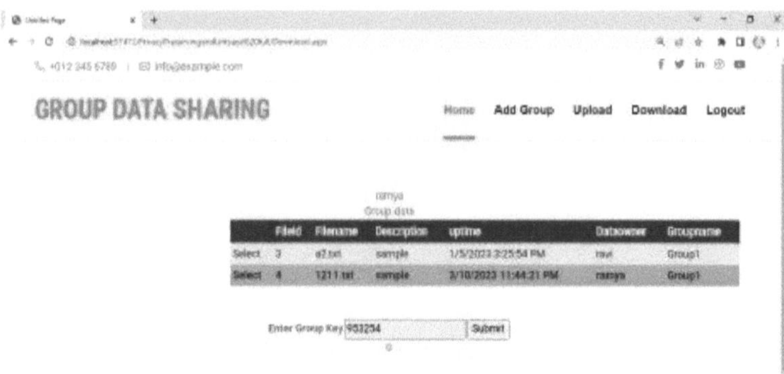

CÓDIGO

```csharp
using System; using System.Collections;
using System.Configuration; using
System.Data; using System.Linq; using
System.Web; using System.Web.Security;
using System.Web.UI; using
System.Web.UI.HtmlControls; using
System.Web.UI.WebControls; using
System.Web.UI.WebControls.WebParts; using
System.Xml.Linq; using
System.Data.SqlClient;
public partial class Addgroup : System.Web.UI.Page
{
    SqlConnection con = new
SqlConnection(ConfigurationManager.AppSettings["conn"]);
    SqlCommand cmd = new SqlCommand();
SqlDataReader dr;
    protected void Page_Load(object sender, EventArgs e)
    {
        if (!IsPostBack)
        {
bindgrid();
bindgrid1();
bindgrid2();
        }
}

    protected void Button2_Click(object sender, EventArgs e)
    {

}

    protected void Button1_Click(object sender, EventArgs e)
    {            if (con.State ==
System.Data.ConnectionState.Closed)            con.Open();
        cmd = new SqlCommand("select Gname from Grouptbl where Gname='" +
TextBox1.Text + "'", con);            dr = cmd.ExecuteReader();            if
(dr.Read())
        {
            Response.Write("<script>alert('The Group name Already
Exist')</script>");            cmd.Dispose();
dr.Close();
        }            else
{            try
{
dr.Close();
Random r = new Random();
int rnd = r.Next(2000000);
string rnd1 =
Convert.ToString(rnd);
                cmd = new SqlCommand("insert into Grouptbl values('" +
TextBox1.Text + "','" + rnd1 + "')", con);
cmd.ExecuteNonQuery();
```

```csharp
                    cmd = new SqlCommand("Select Emailid from Ownerreg where
Uname='" + Session["User"].ToString() + "'", con);
SqlDataReader dr1 = cmd.ExecuteReader();
if (dr.Read())
                        {
                        string email = dr[0].ToString();
                        // string mob = dr[1].ToString();
                        System.Net.Mail.MailMessage mail = new
System.Net.Mail.MailMessage();
                        System.Net.NetworkCredential cred = new
System.Net.NetworkCredential("packtempl@gmail.com", "owjmhdvikpxlunts");
string em = email;                          mail.To.Add(em);
                        mail.Subject = "Group key";

                        mail.From = new
System.Net.Mail.MailAddress("packtempl@gmail.com");
                        mail.IsBodyHtml = true; // Aceptamos HTML
                         mail.Body = "Group key '" + rnd1 + "'
!!!";
                        System.Net.Mail.SmtpClient smtp = new
System.Net.Mail.SmtpClient("smtp.gmail.com");

                        smtp.UseDefaultCredentials = false;
smtp.EnableSsl = true;
                        smtp.Credentials = cred; //asignamos la credencial
smtp.Send(mail);

con.Close();
dr.Close();
```

```csharp
                                //Label3.Visible = true;
                                TextBox1.Visible = true;
                                Button1.Visible = true;
                            }


                    cmd.Dispose();

                    Response.Redirect("Addgroup.aspx");


                }



            catch
            {


            }
        }
con.Close();
    }


    private void bindgrid()
    {
        if (con.State == ConnectionState.Closed)
        {
            con.Open();
        }
        cmd = new SqlCommand("select Gid,Gname from Grouptbl", con);
        SqlDataAdapter adp = new SqlDataAdapter(cmd);
        DataSet ds = new DataSet();
adp.Fill(ds);
        GridView1.DataSource = ds;
        GridView1.DataBind();
        if (con.State == ConnectionState.Open)
        {
            con.Close();
        }
    }
    private void bindgrid1()
    {
        if (con.State == ConnectionState.Closed)
        {
            con.Open();
        }
```

```csharp
        cmd = new SqlCommand("select * from Joingroup where Uname='" +
Session["User"].ToString() + "'", con);
        SqlDataAdapter adp = new SqlDataAdapter(cmd);
        DataSet ds = new DataSet();
adp.Fill(ds);
        GridView2.DataSource = ds;
        GridView2.DataBind();
        if (con.State == ConnectionState.Open)
        {
            con.Close();
        }
    }
    private void bindgrid2()
    {
        if (con.State == ConnectionState.Closed)
        {
            con.Open();
        }
        cmd = new SqlCommand("select * from Joingroup", con);
        SqlDataAdapter adp = new SqlDataAdapter(cmd);
        DataSet ds = new DataSet();
adp.Fill(ds);
        GridView3.DataSource = ds;
        GridView3.DataBind();
        if (con.State == ConnectionState.Open)
        {
            con.Close();
        }
}
    protected void GridView1_SelectedIndexChanging(object sender,
GridViewSelectEventArgs e)
    {
        if (con.State == System.Data.ConnectionState.Closed)
con.Open();
        string ij = GridView1.Rows[e.NewSelectedIndex].Cells[3].Text;
string gname = GridView1.Rows[e.NewSelectedIndex].Cells[3].Text;

        //int ij =
```

```csharp
Convert.ToInt32(GridView1.Rows[e.NewSelectedIndex].Cells[3].Text);
cmd = new SqlCommand("insert into Joingroup values('" + ij + "','" +
Session["User"].ToString() + "')", con);
cmd.ExecuteNonQuery();


        Random r = new Random();
int rnd = r.Next(2000000);
        cmd = new SqlCommand("update Grouptbl set Gkey='" + rnd + "' where
Gname='" + gname + "'", con);          cmd.ExecuteNonQuery();
cmd.Dispose();


        Response.Redirect("Addgroup.aspx");
    }
    protected void GridView1_RowDeleting(object sender,
GridViewDeleteEventArgs e)
    {
        if (con.State == System.Data.ConnectionState.Closed)
con.Open();          try          {
            string str = GridView1.Rows[e.RowIndex].Cells[2].Text;
cmd = new SqlCommand("delete from Grouptbl where Gid=" + str +
"", con);
            cmd.ExecuteNonQuery();
GridView1.EditIndex = -1;
con.Close();               bindgrid();
        }
        catch (Exception ex)
        {


        }


    }




    protected void GridView2_RowDeleting(object sender,
GridViewDeleteEventArgs e)
    {
        if (con.State == System.Data.ConnectionState.Closed)
con.Open();           try          {
            string str = GridView2.Rows[e.RowIndex].Cells[1].Text;
string gname = GridView2.Rows[e.RowIndex].Cells[2].Text;          cmd =
new SqlCommand("delete from Joingroup where id=" + str +
"", con);
            cmd.ExecuteNonQuery();
//  GridView2.EditIndex = -1;


        Random r = new Random();
int rnd = r.Next(2000000);
```

```csharp
            cmd = new SqlCommand("update Grouptbl set Gkey='" + rnd + "'
where Gname='" + gname + "'", con);              cmd.ExecuteNonQuery();
cmd.Dispose();



            bindgrid();

            con.Close();
            Response.Redirect("Addgroup.aspx");
        }
        catch (Exception ex)
        {


        }
    } } using System; using
System.Collections; using
System.Configuration; using System.Data;
using System.Linq; using System.Web;
using System.Web.Security; using
System.Web.UI; using
System.Web.UI.HtmlControls; using
System.Web.UI.WebControls; using
System.Web.UI.WebControls.WebParts; using
System.Xml.Linq; using
System.Data.SqlClient; using System.IO;
using System.Security.Cryptography; using
System.Net;
public partial class Adminupload : System.Web.UI.Page
{
    SqlConnection con = new
SqlConnection(ConfigurationManager.AppSettings["conn"]);
    SqlCommand cmd = new SqlCommand();
    SqlDataAdapter da;
DataSet ds;        string
en_file;      int c=1;
SqlDataReader dr;
    protected void Page_Load(object sender, EventArgs e)
    {
        if (!IsPostBack)
        {
            DropDownList1.Items.Clear();
            cmd = new SqlCommand("select Gname from Joingroup where Uname='"
+ Session["User"].ToString() + "'", con);
            if (con.State == System.Data.ConnectionState.Closed)
con.Open();
            SqlDataReader dr1 = cmd.ExecuteReader();
while (dr1.Read())
            {
                DropDownList1.Items.Add(dr1[0].ToString());
            }
```

```csharp
            con.Close();

            //  bgrid();
bgrid1();
        }       }
string output;
    protected void Button1_Click(object sender, EventArgs e)
    {
        //
        string[] validFileTypes = { "bmp", "gif", "png", "jpg", "jpeg", "doc",
"xls","txt","pdf" };

        string ext =
System.IO.Path.GetExtension(FileUpload1.PostedFile.FileName);

        bool isValidFile = false;

        for (int i = 0; i < validFileTypes.Length; i++)
        {
            if (ext == "." + validFileTypes[i])
            {
                isValidFile =
true;

break;

            }

        }
        if (!isValidFile)
        {
            if (con.State == ConnectionState.Closed) con.Open();
cmd = new SqlCommand("insert into Invalidfile values('" +
Session["User"].ToString() + "','" + System.DateTime.Now.ToShortDateString()
+ "','" + Dns.GetHostName().ToString() + "')", con);
cmd.ExecuteNonQuery();

            Response.Write("<script>alert('Threats  Found')</script>");


        }
else
        {
            //file upload new code
            if (TextBox3.Text == "" | FileUpload1.FileName == "")
            {
                Response.Write("<script>alert('Please Fill the All
Column')</script>");
```

```csharp
            }
else            {
try
{
                        string dt = System.DateTime.Now.ToString();
                        //Get the Input File Name and Extension.
string fileName =
Path.GetFileNameWithoutExtension(FileUpload1.PostedFile.FileName);
                        string fileExtension =
Path.GetExtension(FileUpload1.PostedFile.FileName);

                        //Build the File Path for the original (input) and the
encrypted (output) file.
                        string input = Server.MapPath("~/Files/") + fileName +
fileExtension;
                        string input1 = Server.MapPath("~/Upload/") + fileName +
fileExtension;
                        output = Server.MapPath("~/Files/") + fileName + "_enc" +
fileExtension;

                        //Save the Input File, Encrypt it and save the encrypted
file in output path.
                        FileUpload1.SaveAs(input);
FileUpload1.SaveAs(input1);
this.Encrypt(input, output);
                        File.Delete(input);
                        TextBox1.Text = File.ReadAllText(output);
                        if (FileUpload1.HasFile)
                        {
                            // System.IO.FileInfo fileInfo = new
System.IO.FileInfo(FileUpload1.PostedFile.FileName);
                            //System.IO.FileInfo fileInfo = new
Server(FileUpload1.PostedFile.FileName);
                            string dest = Server.MapPath("Upload\\" +
FileUpload1.FileName.ToString());
                            FileUpload1.SaveAs(dest);
                            System.IO.FileInfo fileInfo = new
System.IO.FileInfo(dest);
                            string ftype =
FileUpload1.FileName.Substring(FileUpload1.FileName.LastIndexOf(".") + 1,
(FileUpload1.FileName.Length - FileUpload1.FileName.LastIndexOf(".") - 1));
int filesize = FileUpload1.PostedFile.ContentLength;
if (con.State == ConnectionState.Closed) con.Open();
                            SqlCommand cmd = new SqlCommand("insert into
Fileupload values('" + FileUpload1.PostedFile.FileName + "','" +
TextBox3.Text + "','" + dt + "','" + TextBox4.Text + "','" +
Session["User"].ToString() + "','" + DropDownList1.Text + "')", con);
cmd.ExecuteNonQuery();
                            Response.Write("<script>alert('Upload
Successfull');</script>");
```

```
                    }
}                       catch
{
                }


                }
bgrid1();



                //


        }



    }




    private void Encrypt(string inputFilePath, string outputfilePath)
    {
        string EncryptionKey = "MAKV2SPBNI99212";
using (Aes encryptor = Aes.Create())
        {
            Rfc2898DeriveBytes pdb = new Rfc2898DeriveBytes(EncryptionKey,
new byte[] { 0x49, 0x76, 0x61, 0x6e, 0x20, 0x4d, 0x65, 0x64, 0x76, 0x65,
0x64, 0x65, 0x76 });
            encryptor.Key = pdb.GetBytes(32);
encryptor.IV = pdb.GetBytes(16);
            using (FileStream fsOutput = new FileStream(outputfilePath,
FileMode.Create))
{
                using (CryptoStream cs = new CryptoStream(fsOutput,
encryptor.CreateEncryptor(), CryptoStreamMode.Write))
                {
                    using (FileStream fsInput = new FileStream(inputFilePath,
FileMode.Open))
{                           int
data;
                        while ((data = fsInput.ReadByte()) != -1)
                        {
```

```csharp
                                cs.WriteByte((byte)data);
                        }
                    }
                }
            }
        }
    }
    protected void Button2_Click(object sender, EventArgs e)
    {
        Response.Redirect("Adminupload.aspx");
    }
    protected void Button3_Click(object sender, EventArgs e)
    {



    }
    protected void ListBox1_SelectedIndexChanged(object sender, EventArgs e)
    {

    }
    protected void GridView1_RowDeleting(object sender,
GridViewDeleteEventArgs e)
    {


    }


    private void bgrid1()
    {
        con.Close();
con.Open();
        da = new SqlDataAdapter("select
Fileid,Filename,Description,uptime,Fkey,Groupname from Fileupload where
Dataowner='" + Session["User"].ToString() + "'", con);
ds = new DataSet();          da.Fill(ds);
        GridView2.DataSource = ds;
        GridView2.DataBind();
con.Close();
    }
    protected void GridView2_RowDeleting(object sender,
GridViewDeleteEventArgs e)
    {
        con.Open();
try         {
            string str = GridView2.Rows[e.RowIndex].Cells[1].Text;
            cmd = new SqlCommand("delete from Fileupload where Fileid=" + str
+ "", con);
```

```csharp
            cmd.ExecuteNonQuery();
GridView2.EditIndex = -1;
con.Close();                    bgrid1();
        }
        catch (Exception ex)
        {


        }
}

    protected void GridView1_SelectedIndexChanged(object sender, EventArgs e)
{


}

    protected void Button3_Click1(object sender, EventArgs e)
    {
        }


    public string saltValue = "s@ltValue";          // can be any string
public string hashAlgorithm = "SHA1";           // can be "MD5"
public int passwordIterations = 2;              // can be any number
public int keySize = 256;                       // can be 192 or 128
string initVector = "@1B2c3D4e5F6g7H8";   // must be 16 bytes
protected void Button3_Click2(object sender, EventArgs e)      {

}
    protected void Button4_Click(object sender, EventArgs e)
{
        Random r = new Random();
int rnd = r.Next(2000000);
        TextBox4.Text = Convert.ToString(rnd);
    }
}
```

I want morebooks!

Buy your books fast and straightforward online - at one of world's fastest growing online book stores! Environmentally sound due to Print-on-Demand technologies.

Buy your books online at
www.morebooks.shop

Compre os seus livros mais rápido e diretamente na internet, em uma das livrarias on-line com o maior crescimento no mundo! Produção que protege o meio ambiente através das tecnologias de impressão sob demanda.

Compre os seus livros on-line em
www.morebooks.shop

Printed by Books on Demand GmbH, Norderstedt / Germany